LA QUÊTE DU SENS

« Espaces libres »

LA QUÊTE DU SENS

Albin Michel

Albin Michel
▪ *Spiritualités* ▪

Collection « Espaces libres »
dirigée par Jean Mouttapa et Marc de Smedt

Première édition :
Question de, n° 119, 2000
Édition au format de poche :

Sommaire

Avant-propos

MARC DE SMEDT

Lorsqu'on lui parlait de la quête du sens, je me souviens que le maître zen Taisen Deshimaru répondait avec force : « À chacun sa façon de négocier la Voie », celle qui mène à l'éveil et à la résolution de cette question : « Quel sens a donc mon action au monde, quel est vraiment le sens de mon existence, où se trouve le sens de la vie ? »

À chacun sa façon : nous sommes en effet tous différents malgré nos similitudes et chaque être se révèle unique, ce qui serait d'ailleurs, d'après le cheikh Bentounès, le plus bel exemple de l'unicité de Dieu. Empreintes digitales, iris, caractéristiques génétiques et psychophysiques, histoire personnelle... il n'est pas un individu semblable à un autre sur terre. Même notre clone ne serait pas exactement pareil à nous-mêmes. Il nous revient donc, sans aucune échappatoire possible, de nous colleter avec notre propre destin et de résoudre les multiples problèmes qui se posent dans notre conscience et notre trajectoire de vie.

À chacun son karma, dit-on en Orient : c'est bien vrai, à chacun son devenir et la responsabilité de ses actes. À chacun aussi ses joies, ses rêves et ses potentialités à développer. On peut certes les partager mais ce qui fait la trame intime de nos existences restera indéniablement particulier. Ainsi que le dit un adage zen : un homme et une femme dans un même lit ne font pas les mêmes rêves !

Le « connais-toi toi-même » cher à Socrate, Montaigne, Patañjali, Bouddha et tant d'autres, depuis que l'idée de sagesse existe, a donc vraiment un sens qui, de l'universel, mène au particulier — « à notre bout », comme le dirait Jacques Salomé.

Le travail que nous avons à effectuer sur nous-mêmes s'avère d'une rare importance : non seulement il permet de réaliser une existence plus pleine, ouverte, aimante, en résolvant nos contradictions et en dépassant nos difficultés d'être, mais de plus il participe de cette grande symphonie de la création en train de se faire.

Aujourd'hui où les pollutions psychiques et physiques se multiplient de façon inquiétante, il est d'autant plus urgent d'agir, de balayer en soi et devant sa porte et de se poser en effet le sens de la présence de l'humain au monde. Et je finirai, en guise de réponse, par cet autre adage : « Vous qui avez eu la chance de prendre forme humaine, ne perdez pas votre temps. »

La quête du sens dans notre existence

CLAUDE BAUMEL

Après le congrès « Le sens du sacré[1] » réuni autour d'Arnaud Desjardins, nous avons pris l'initiative d'une nouvelle rencontre sur le thème : « La quête du sens ».

La plupart du temps, dans nos sociétés modernes, la question du sens de la vie se pose quand approche la vieillesse et que l'on pense à la mort.

Habituellement, le sens que l'on donne à son existence est propre à sa culture et à ses conditionnements... La vie peut parfois prendre une tournure matérialiste et se transformer en une expérience spirituelle. Maître Dôgen disait que chacun porte le système cosmique dans son cerveau, mais que si nous n'agissons pas et ne pratiquons pas, il est impossible de l'expérimenter. Dôgen insiste sur la réalisation par l'intermédiaire de la pratique.

Une rencontre comme celle-ci peut-elle changer notre manière d'appréhender le monde ? Que peu-

---

1. Voir *Question de*, n° 114, *Le Sens du sacré*, Albin Michel.

vent nous apporter les mots ? Ont-ils le pouvoir de relier l'individu à l'expérience ? Les mots, disent les psychologues, sont chargés d'un contenu capable de faire germer notre potentiel et notre créativité. Mais à condition d'expérimenter, bien sûr.

Se poser la question de la quête du sens, c'est aussi se poser la question de sa place dans notre existence. La quête est peut-être d'abord un travail d'intériorisation, pour enfin lâcher prise et ne plus rien saisir. Un proverbe chinois dit que la véritable nature n'est ni impermanente ni permanente ; elle ne va ni ne vient ; elle n'est ni au centre ni à l'intérieur ; elle n'est pas née et ne meurt pas ; son essence et ses manifestations résident dans l'état absolu de l'inéluctable. Éternel et immuable.

Des jeunes à la recherche du sens de leur vie

STAN ROUGIER

Dieu écrit droit avec des lignes courbes.

La vraie traduction de ce proverbe portugais devrait être « avec des lignes *torves* ». Ce mot accentue bien l'aspect « sauvage » de nos existences, car nos itinéraires ont en effet une trajectoire souvent farfelue. Dieu, qui voit tout avec recul, essaie de conduire cette étrange histoire à son terme. Je crois que notre vie est un voyage initiatique et que, au bout de notre séjour intra-utérin, il n'est pas facultatif de naître ou de ne pas naître. Nous sommes, chacun, une espèce en voie d'apparition.

Depuis toujours je vis avec des jeunes. Devenu éducateur, je me suis occupé de jeunes délinquants ; au séminaire, c'est avec des jeunes qu'il fallut pendant huit ans « s'enfourner » dans la Bible. Jusqu'à aujourd'hui, je suis resté en contact permanent avec des lycéens et des étudiants, dans des écoles catholiques comme dans des lycées d'État. Dans ces derniers, un cordon sanitaire était établi autour du domaine religieux, comme si la religion était le plus grand danger que pouvait encourir la jeunesse. Beaucoup de professeurs disaient en substance : « Il y a non-assistance à pauvres petits jeunes en danger. Ils sont à la merci du moindre prédicateur ou du moindre gourou... Protégeons-les. » Je me souviens d'une enseignante, professeur d'anglais dans un lycée où j'étais aumônier, qui faisait faire cinq minutes de yoga à ses élèves pour qu'ils soient un peu plus tranquilles pendant la classe, pour qu'ils écoutent mieux ; j'entendrai toujours le recteur d'académie hurlant à la télévision : « Nous ne saurions tolérer davantage ces méthodes religieuses et fascistes. » L'association de ces deux mots me faisait rire, pour ne pas en pleurer...

Je me souviens aussi de ce prof de philo qui disait : « Lorsque j'entends le mot Dieu, je sors mon revolver », lui qui affirmait aussi : « Il faut respecter la liberté des jeunes. » Au bout de six mois, neuf sur dix des jeunes de sa classe étaient devenus maoïstes. L'un d'eux, qui avait pourtant quelque sympathie pour moi, avait demandé à ce prof : « Est-ce que tu accepterais un face-à-face avec l'aumônier ? » Cette rencontre fut une joute inouïe entre le forcené de l'athéisme qu'il était et celui qui s'était converti à vingt-deux ans et avait découvert un Dieu de tendresse, de liberté, de pardon, un Dieu d'amour.

Je suis particulièrement attentif, chez les jeunes, à leur soif spirituelle. Il y a une explication à cela. À vingt ans, je m'étais lié d'amitié avec une jeune fille de seize ans, que j'ai nommée Agnès dans *Dieu était là, je ne le savais pas*, livre dans lequel je raconte ma jeunesse. Agnès avait remporté, à quinze ans, le premier prix à un concours de poésie où les concurrents étaient plus de deux cents et de tous âges. Cette jeune fille de génie, douée d'un talent poétique à un degré peu commun, était un Rimbaud de son époque. Mais elle était prise dans des sables mouvants, attirée, aspirée par le néant. Le jour où nous nous sommes rencontrés, Agnès m'avait offert ses premiers poèmes, ce qui ne fut pas sans conséquences. Elle écrivait des phrases que je ne comprenais pas, du genre : « Dieu, pour moi, c'est une question de vie ou de mort », ou bien : « Je dois conduire mon petit frère au catéchisme où il apprendra le devoir et l'ennui. » Je pressentais qu'elle avait un compte à régler avec une certaine présentation religieuse que j'avais moi-même connue. À l'époque, je m'étais déjà débarrassé de cette vieille peau, je n'étais pas trop abîmé. Mais pour elle, cet abandon ne se faisait pas aussi facilement. Elle se donna la mort, et je fus saisi, alors, par le souvenir de sa parole : « Dieu pour moi est une question de vie ou de mort » ; elle eut sur moi un impact très particulier.

En chaque jeune que je rencontrais dès lors, je voyais un peu Agnès : en chacun la même quête de sens, et les mêmes questions : « Pourquoi est-ce que j'existe ? Qu'est-ce que je fais là ? Je n'ai rien demandé... » Je n'entendais plus que cela.

Mais je rencontrais aussi des jeunes qui avaient trouvé la foi. Comme j'évoluais dans un milieu majoritairement chrétien, c'était Jésus-Christ qu'ils avaient découvert, et je les voyais toniques, aimant la vie ; l'amour était plus beau que la haine, le pardon valait mieux que la rancune, la vérité l'emportait sur le mensonge. Ils avaient trouvé des repères et la possibilité de *s'enthousiasmer*. Je raffole de ce terme dans lequel on trouve le mot Dieu, *thous*, la présence de Dieu qui réveille ce qu'il y a de divin dans l'homme.

Le jeune que j'étais moi-même était mal dans sa peau. Je n'avais pas les clés, pas le code. Je me disais : « C'est quand même un peu gonflé de lancer quelqu'un dans l'existence. Il n'a ni boussole ni carte, et on lui dit : "Passe ton bac." Pour quoi faire, passe mon bac ? Quoi ! Vous espérez m'intéresser aux batailles d'Austerlitz, de Waterloo, et aux affluents de la Garonne et de la Loire ? Et sur la vie, je ne saurai rien ! Vous vous fichez de moi ?... » En même temps qu'une furieuse envie de vivre, j'ai connu dans ma jeunesse cette révolte que je n'ai cessé par la suite de rencontrer chez les jeunes.

De nombreux camarades s'éclataient. Ils s'en fichaient de savoir d'où on venait, où on allait et à quoi pouvait bien rimer la trajectoire. Pour eux, il y avait assez de transcendance dans la beauté d'un galop à cheval, d'une descente en ski, d'un bain de mer, d'une amitié amoureuse... C'est vrai qu'il y avait une certaine place pour le sacré non identifié dans le quotidien, mais moi, j'ai eu besoin d'un peu plus. Aujourd'hui, on me demande de témoigner : Pourquoi la vie ? Pourquoi la mort ? Ce sont toujours les mêmes questions que posent les jeunes. Et je ne crois pas qu'on puisse vraiment bien vivre épanoui, heureux, content, en étant soi-même grandeur nature, en se permettant ce luxe d'exister « selon son espèce », si on pense qu'on vient de rien, et qu'on va vers rien.

Imaginons deux jeunes gens de vingt ans. Ils partent en bateau pour une même croisière qui va durer un an. L'un va à la rencontre de sa fiancée. Ils vont se marier, il est amoureux fou. Ils ont correspondu, mais cela fait tellement longtemps qu'il ne l'a pas vue ! L'autre sait qu'à l'arrivée il doit monter sur l'échafaud. Pour ces deux jeunes gens, le voyage ne sera pas le même ! Pour le premier, les pires moments, les pires tempêtes, les pires difficultés de la vie à bord seront transfigurées par cette rencontre vers laquelle il marche. Pour l'autre, même les moments les plus sublimes, les escales à Tahiti, la plage et les cocotiers au clair de lune, les vahinés... ne lui disent rien. Constamment revient cette obsession : l'échafaud.

Il y a ceux qui se disent : « Je vais vers un

Royaume d'amour où l'on sera tous frères, transparents les uns aux autres » ; pour eux, les moments les plus sublimes de leur vie auront été de petits échantillons pour les préparer, pour leur donner le goût de l'autre, le goût de la rencontre. Mais pour ceux qui pensent : « Je vais vers un trou ! », la vie n'est pas du tout la même. Si vous dites à des jeunes : « Mais elle est belle la vie, fais ton trou ! », certains vous répondent : « Ouais ! Je vais le faire un jour, mon trou, je serai bouffé par les asticots ! » De l'humour par dérision ! Je pense aussi à celui qui avait inscrit sur un mur de la Sorbonne : « Arrêtez le monde, je veux descendre ! »

J'ai connu plus de soixante-dix jeunes qui se sont donné la mort. Je suis surpris que l'on réfléchisse si peu sur les causes profondes des suicides. On dira : « Ils manquaient de magnésium », on fera des analyses psychosociologique qui, certes, ne sont pas dépourvues de sens, mais qui ne vont pas à l'essentiel. Les jeunes veulent bien souffrir sur cette terre, mais pas pour rien ! Oui, l'insupportable : l'absurde, la solitude, la mort !

Une parabole juive raconte que Moïse descendait du Sinaï avec les tables de la Loi — une pierre très lourde dont le poids lui était indifférent car la parole de Dieu y était gravée. Quand il se trouva face au peuple en train d'apostasier et d'adorer le veau d'or, Dieu ayant effacé Sa Parole de la pierre, cette dernière tomba des mains de Moïse : elle avait perdu son sens. Tout le monde peut accepter de souffrir à condition que cette souffrance trouve un sens.

Celui qui m'a mis la puce à l'oreille à ce sujet se nomme Antoine de Saint-Exupéry. À le lire attentivement, on voit que le sens est chez lui une obsession. Il écrit par exemple : « Le coup de pioche du bagnard et celui du prospecteur, ce n'est pas le même ! » À l'époque où je me demandais ce que je pouvais bien faire de ma vie, je fus marqué par une de ses paraboles : « À la tête de ma cité, j'installerai des prêtres et des poètes et ils feront s'épanouir le cœur des hommes ».

Depuis trente-huit ans, c'est bien à cela que je m'emploie : à faire s'épanouir le cœur de jeunes que je sens flétris ou à naître. Si vous aviez vu ceux avec qui j'ai passé la soirée d'hier ! Mal dans leur corps, mal dans leur peau, mal dans leurs mots. On les dit à *l'âge bête*, ce n'est pas vrai ; ils sont à un âge difficile, critique. Ils ne savent pas qui ils sont et ils ont peur d'être laids dans le regard des autres. Ils attendent d'être regardés autrement, positivement, par quelqu'un qui leur dirait, même en silence : « Tu es précieux pour moi, je t'aime ».

Dans une discussion sur l'éducation, une femme d'une cinquantaine d'années me disait récemment : « Moi, mes parents m'ont habituée à penser que, quoi que je fasse, je serais aimée ».

L'attitude des parents de cette femme n'est pas étrangère à son épanouissement actuel, malgré les épreuves connues. Je dis cela sans vouloir culpabiliser les autres. Si l'on n'a pas été aimé du temps de Caïn, cela se reproduira de génération en génération. On ne peut pas en vouloir à un père quand on l'entend raconter l'éducation déplorable qu'il a reçue.

Je suis triste qu'au premier rang des valeurs ne soit pas inscrite la tendresse dont parle la Bible, c'est-à-dire un amour a priori. Il faudrait faire comprendre au jeune : « Je ne sais pas qui tu seras plus tard — tu peux devenir truand, ou Gandhi —, mais pour moi, tu es précieux, tu comptes, tu es unique. » Parmi les jeunes entre quinze et vingt ans que j'ai connus, certains sont aujourd'hui des guides spirituels, des maîtres à penser, d'autres sont en taule à perpétuité pour meurtre, parce qu'ils se sont mis dans des mafias politiques comme Action directe, peut-être par nostalgie religieuse. Ils y cherchaient un absolu. Ils se disaient : « Je vais changer le monde, il suffit de tuer tous les bourgeois ! »

J'ai parlé de ceux qui se suicident, il y a aussi ceux qui se droguent, j'en ai connu des milliers. L'État s'excite contre cette toxicomanie en nommant cent policiers de plus par an. C'est comme si on menait une campagne de dératisation avec du blé empoisonné sans chercher pourquoi il y a des rats. Pourquoi certains jeunes se droguent-ils ?

On les fait vivre en gris, ils veulent vivre en couleurs. La chimie produit de la couleur, alors ils prennent des substances chimiques. Ils se tuent lentement ? Ils ne sont pas pressés.

Une jeune fille, aujourd'hui en clinique psychiatrique et dont le médecin dit qu'elle a régressé à l'âge de cinq ans, me disait, il y a vingt ans : « On fait de nous des activistes, des robots. À quoi ça rime, la vie ? Ça rime avec pantomime ou avec frime. Nous sommes arrivés sur une planète cassée par les guerres, usée par les haines. On nous dit : "Bosse, gagne ta vie..." Tu me parles des croyants ? Laisse-moi rire. Si leur Dieu existait, ils péteraient de joie, les croyants ! » Cette réflexion mérite d'être entendue. « La preuve du pain, c'est qu'il nourrit », disait Claudel. La preuve que l'Esprit existe, que Dieu est là, que le divin est dans ton cœur, c'est ta joie. Montre-moi ton homme, et je verrai qui est ton Dieu.

Cette jeune fille disait encore : « Les croyants, ils se bougeraient un peu pour changer la vie, ils se risqueraient chaque fois qu'il y a non-assistance à personne en danger ? Non, ce qui les amuse, les croyants, c'est de se faire des procès les uns aux autres : "Comment ! Tu t'intéresses au yoga ! Tu es hérétique !... Tu crois aux apparitions de la Vierge, tu débloques !"... La petite guéguerre quoi ! » C'était déjà ainsi au début des communautés chrétiennes : « Je suis pour Paul. Je suis pour Apollos. » Paul, quand il apprenait cela, il se mettait en colère, il devenait fou : « L'un sème, l'autre arrose, mais c'est Dieu qui fait grandir. Alors fichez-nous la paix avec vos clans ! » Le petit juge qui sommeille en chacun de nous se réveille dès que nous voyons quelqu'un qui n'est pas dans notre norme.

Ils ne font pas dans la nuance, les jeunes, lorsqu'ils regardent notre monde ! Si on veut de la nuance, il faut aller ailleurs ; si on est susceptible, il ne faut pas les fréquenter. Certes l'attitude juste pourrait être de se dire : « Plus ils me secouent comme un prunier, plus ils ont envie de prunes. Ils me secouent pour savoir ce que je porte en moi ».

Saint-Exupéry ne fut pas le seul à m'encourager dans mon désir de spiritualité. J'ai été très aidé par la critique des humanistes athées contre la religion. Tous ceux qui ont été ma nourriture spirituelle pour ce qu'on appelle mes *humanités* étaient des *maîtres du soupçon* ; c'était passionnant. Si Marx refusait Dieu, c'est qu'il avait dans la tête la caricature du Dieu du clergé qui sait : « Vous souffrez sur cette terre, ce n'est pas grave, vous serez bien logés après. Vous êtes des chanceux. » Marx n'a pas rouvert le dossier, et il était intéressant de pouvoir comprendre que ce qu'il dénonçait n'était pas

Dieu, mais une caricature. Freud, lui, avait vu chez ses patients — surtout ses patientes — une névrose qui vient de ce qu'on se refuse le plaisir. C'était facile, pour lui, de découvrir que le judéo-christianisme de son époque allait dans ce sens-là. Mais la maladie puritaine ne venait pas des Évangiles ! Quant à Nietzsche, avec son style biblique, il est fascinant. Sa dénonciation est : « Le Christ est le Dieu des masochistes. Fais-toi souffrir, tu sauveras le monde. » Voilà encore un Christ complètement dénaturé. Le voir ainsi falsifié à l'heure actuelle, cela me consterne. Qui va s'y retrouver ? Comment va-t-on faire pour retrouver le vrai visage du Christ au-delà de tant de contrefaçons ?

Il y a quelque temps, j'étais invité à l'émission « Ex Libris ». Deux jours avant, j'ai su qu'il me faudrait être en face de Norman Mailer, qui venait d'écrire un livre sur Jésus. Je l'ai donc lu, la nuit, dix heures d'affilée. Cela m'a mis dans un état second. Lorsque Poivre d'Arvor m'a demandé : « Que pensez-vous de ce livre ? », j'ai failli chanter : « Vercingétorix né sous Louis-Philippe battit les Chinois un soir à Roncevaux. C'est lui qui lança la mode des slips, et mourut pour ça sur un échafaud... » Jésus a un œdipe effroyable, il s'engueule avec sa mère, ensuite il a honte parce qu'il ne s'entend pas avec elle, il a des pensées lubriques et il ne sait pas à qui s'en confesser. Comprendre les Évangiles n'est déjà pas si simple, alors le pauvre gars qui aura lu Norman Mailer avant, je le plains...

J'ai toujours été impressionné par cette injustice : des jeunes sont privés d'un Dieu qui ne cesse de les chercher. Il ont été vaccinés contre Dieu à cause de caricatures. Si on parle du passage de l'athéisme à la foi, on parle peu du passage d'une caricature de Dieu (Dieu teigneux ou Dieu nounours) à une image valable.

Quand j'avais huit ans, la foudre est entrée dans ma chambre... La foudre, vous pensez ! Quoi de plus divin que la foudre ! Elle a fait exploser les cloisons. Je me disais : « Là-haut, il a les moyens ! Et ce n'est qu'un avertissement, tu as intérêt à te tenir à carreau ! » C'était cela, Dieu, pour moi, Celui qu'on brandit sur nos têtes pour nous faire tenir tranquilles. Il est trop tard, aujourd'hui, pour porter plainte. Essayons de ne pas trop recommencer maintenant. Nous recommençons sans doute avec d'autres fausses images. Dieu a eu beau dire à Moïse : « Surtout pas d'images de Moi », nous passons notre temps à en faire. J'aime la réponse de Dieu à Moïse : « Je suis qui Je serai. » J'imagine un garçon à qui une jeune fille demanderait la veille du mariage : « Au fait, qui es-tu ? » et qui répondrait : « Tu verras, tu verras à mesure ; tu verras dans l'histoire de notre relation. »

J'en découvre tous les jours un peu plus sur Dieu. Cela m'embêterait de faire trop tôt ma petite synthèse et mettre sur ma porte : « Dépositaire exclusif des secrets de Dieu. Visite de 5 à 7 heures... » Ce n'est pas sérieux. Je veux rester en recherche toute ma vie. C'est pour cela que j'aime le dialogue interreligieux. « Raconte-moi, lama Denys, dis-moi ce que tu penses de l'ultime réalité. Raconte-moi, Swami Ramdas, qui est l'absolu pour toi ? Raconte-moi Bentounès, qui est Dieu pour l'islam ? » C'est fascinant, non ? Dieu est au-delà de tous ces chemins et nous aurons tous de sacrées surprises ! Vous ne croyez pas ?

Mais à caricaturer les élans religieux, on ne tue pas la soif, on la rend malade. Alors la soif religieuse, que devient-elle ? On accroche sa foi à l'étoile rouge de Moscou, et ça fait 95 millions de morts. Record non battu. C'était une religion, le marxisme. Une partie de la jeunesse d'Allemagne s'était précipitée sur le svastika nazi. C'était aussi une religion ! Avec un sacré médium. Ceux qui ont connu Hitler de près et qui l'ont écouté ont dit : « On était subjugué ! » Lui, il disait : « Dieu m'a élu. » *Gott mit uns* : Dieu est avec nous.

Romain Rolland, dans sa jeunesse, écrivait : « Je ne puis dire à quel point mon époque était déicide et comme mon âme était naturellement religieuse, c'est moi-même, sans le savoir, que l'on tuait. » Et Arthur Koestler écrivait : « Il ne faut pas craindre d'enseigner dans les lycées la méditation, non pas pour faire des illuminés mais pour retrouver notre moitié perdue. » Ce n'est pas demain la veille ! Le cordon sanitaire contre le religieux s'intensifie. Attention, ne disons pas n'importe quoi au sujet de Dieu ! Le Temple solaire, ça va bien. Guyana avec plus de cent suicidés... Ça suffit ! Après des événements comme ceux-là, on est interviewé par la presse : « Vous êtes prêtre ? Eh bien, c'est du propre, la religion ! Vous pouvez être fier ! » On nous met tous dans le même sac !

Je pense, encore, à Saint-Exupéry, dont la lecture dès 1947 m'a vraiment réveillé, et dont je peux dire qu'il fut pour moi un maître spirituel : « Je te dirai la vérité sur l'homme. Il n'existe que par son âme. » Sa dernière parole, c'est une lettre à son ami le général Chambre : « Dans le dortoir où je suis, les hommes sont en train de dormir ; je vais d'ailleurs les laisser dormir parce que je les gêne avec ma lampe. Ces jeunes sont merveilleux, ils sont droits, nobles, propres, mais j'éprouve en les regardant dormir une secrète pitié. Nobles, propres, généreux, oui, mais ils auraient tellement besoin d'un Dieu. » Je cite de mémoire.

Des phrases comme celles-là ont allumé le jeune que j'étais. Faire cadeau à un jeune d'un texte qui le brûle un instant ce n'est pas rien. Je pense à mon ami Yvan Amar[1], que j'ai rencontré en Inde dans un ashram. C'était en 1972, il avait alors

1. A lire d'Yvan Amar, *Les Dix Commandements intérieurs*, préface de Stan Rougier, Albin Michel.

vingt-trois ans. Il m'a parlé de Dieu toute la nuit. Nous avons connu une amitié fantastique qui s'est construite autour de Dieu, autour de la réalité spirituelle, du chemin vers Dieu.

Un nouveau venu sur la planète s'interroge : D'où vient l'homme ? Qui est-il ? Pourquoi est-ce que je vis ? Pourquoi est-ce que je vais mourir ? « Ce n'est pas au programme », lui répond l'Éducation nationale. Mais si on persiste à se poser la question, on interroge les paléontologues qui nous sortent je ne sais quelle Lucy, qu'on nous désigne quelques années plus tard comme n'étant pas la première femme. On ne fait que repousser la question. Je suis bien content de savoir que je descends du singe, mais je ne me satisfais pas de cacahuètes.

On parle de l'arrogance des jeunes, mais on ne sait pas la traduire pour ce qu'elle est : un mal-être, un hiéroglyphe qui signifie : « Je ne sais pas qui je suis, je voudrais savoir. J'en ai marre d'exister sans vivre. » On parle de la violence des jeunes, mais personne ne parlera de ses causes : « Je n'ai pas d'amis, je suis seul, je ne sais pas avec qui parler. Je communique avec de la violence parce que je n'ai pas de mots. » On parle de la déprime suicidaire des jeunes, mais on ne sait pas la comprendre pour ce qu'elle est. On ne sait pas interpréter tous ces signes qui disent : « Arrêtez ce monde, vous l'avez désenchanté. On veut descendre. »

Zen : retour à l'origine du sens de la quête

ROLAND RECH

Lorsqu'on est assis sur une montagne et qu'on regarde le coucher de soleil, on ne se pose pas la question du sens, la contemplation en elle-même se suffit. Lorsqu'on est aimé, lorsqu'on aime, que l'on se trouve dans les bras l'un de l'autre, on ne se pose pas la question du sens de l'amour. Ainsi, dans certains moments de notre vie, la question du sens s'évanouit totalement. Je ne suis donc pas certain que trouver un sens à la vie soit la chose la plus importante. Mais dès qu'elle se pose, il est important d'entrer complètement dans la question.

Quand on est malade, quand on souffre, quand on pense à la mort, quand on réalise que, même si on a obtenu toutes sortes de succès dans la vie, on n'est pas heureux, quand on a l'impression qu'il nous manque quelque chose, que quelque chose nous échappe, lorsqu'on se sent seul, alors on se questionne sur le sens de la vie. Pourquoi ? Pourquoi la quête du sens ?

L'origine de la quête du sens de la vie

C'est cette quête qui m'a conduit à la rencontre de *zazen*. À quinze, seize ans, je me suis rendu compte que la foi religieuse qui m'avait été transmise dans mon enfance n'était pas véritablement vivante en moi, qu'elle n'avait aucun sens pour moi. Cet ensemble de dogmes et de croyances n'animait pas ma vie comme j'en aurais eu le désir. Dès lors, je n'ai plus eu envie de vivre à partir de croyances, mais je désirais profondément trouver la vérité, l'expérimenter. J'ai ainsi passé dix années de ma vie à rechercher à travers différentes expériences et différents engagements ce qui pourrait donner un sens à ma vie. Chaque fois désillusionné, j'ai éprouvé énormément de souffrances ; ce que je croyais faire sens ne tenait finalement pas la route.

Avec une confiance et une foi profondes, me disant que, en me séparant de tout ce qui me conditionnait, peut-être que d'une rencontre avec la vie, avec les hommes, émergerait quelque chose qui ferait sens, je suis parti voyager autour du monde. Partout où j'allais, des hommes et des femmes souffraient, étaient déçus dans leurs espoirs ; je me rendis compte que la course au pouvoir était omniprésente dans notre monde et les idéaux, les tentatives de libération et de changements sociaux trahis par les institutions du pouvoir.

Au cours de ce voyage, je suis en fait revenu à l'état d'esprit religieux de mon enfance, et je me disais que tant que les décideurs n'auraient pas fait un travail sur eux-mêmes, tant qu'ils ne se seraient pas dépouillés de leurs ambitions personnelles, de leur avidité et de leur soif de pouvoir, nous irions vers des souffrances plus grandes encore que celles que nous avions déjà connues et essayé de résoudre par des révolutions. Tel était mon cheminement.

Je me mis en quête d'une révolution spirituelle plusieurs mois durant, côtoyant des religions asiatiques que je rencontrai notamment en Inde. Chaque fois, je devais encore trop entrer dans un système de croyances, et j'éprouvais la nécessité d'une expérience authentique, dépouillée de toute adhésion à des dogmes. Pour le dire en termes chrétiens, je désirais en quelque sorte rencontrer Dieu sans que personne ne me dise qui Il était, ce qu'Il était, ce qu'il fallait croire.

Puis un jour, en pratiquant *zazen* dans le petit temple d'Antaiji, au Japon, j'ai été saisi par une expérience de plénitude et d'unité ; là, il n'y avait plus de doute, plus de question sur le sens, plus d'esprit dualiste. Et il m'apparut qu'au-delà de la quête du sens, la chose importante était d'être unifié, et qu'alors émerge spontanément un sens venu comme un cadeau, une grâce offerte. L'expérience fondatrice de l'unification était cette rencontre à laquelle j'aspirais : rencontre avec Bouddha ou avec Dieu, satori ou illumination, je ne voulais pas la nommer. Un état d'être *un avec* — avec quoi, avec qui ? c'est le grand mystère.

Apprendre à s'asseoir

Par la pratique de l'assise en silence, par la posture, s'éveillent des compréhensions profondes dont nous ignorions totalement que nous les portions déjà en nous. C'est à partir du corps et des gestes qu'une transformation de l'être peut s'opérer, jusqu'à l'émergence de notre être profond, qui donne sens à la moindre des choses : cela est l'une des clés du zen. Il faut donc, évidemment, être un avec le geste, et non pas perdu dans des pensées métaphysiques sur la nature de Bouddha, l'illumination, le satori ou je ne sais quoi d'autre. La pratique de *zazen* est concentration sur la posture du corps, sur la respiration, et aussi méditation.

Apprendre à s'asseoir en *zazen*, c'est apprendre à la fois à peser dans la terre et à être tendu vers le ciel, stable, à trouver l'équilibre entre notre enracinement et l'élan qui nous fait aspirer à la transcendance. On réalise ainsi la vocation profonde de l'être humain qui est d'être un trait d'union entre le ciel et la terre, pleinement présent, ici et maintenant, sans agitation mentale.

Surmonter notre esprit dualiste, réaliser l'unité

Nous, êtres de langage, avons appris à dire « moi », « je », « tu » et avons ainsi perdu le sens de notre unité première. Notre esprit s'est formé sur des notions sans aucune réalité concrète, et en vient à s'attacher à l'idée de « moi » et de tout ce qui peut le conforter, le renforcer — ce moi qui, en réalité, n'existe qu'en interdépendance avec tous les êtres.

Pratiquant *zazen*, nous mettons au repos ce mouvement du cerveau gauche qui sépare moi et les autres, moi et la nature, la pratique et le but, la créature et le créateur, l'être que je suis et Dieu auquel j'aspire, la vie et la mort... Nous nous libérons de cette dualité aux multiples pôles qui nous fait perdre le sens de ce qui rassemble et relie, le sens de notre unité.

Concentré sur la posture du corps, on laisse passer les pensées, on ne s'y attarde pas. Ainsi, on s'enracine dans une qualité d'être qui ne repose ni sur des représentations ni sur des conceptions, un état d'être au-delà de l'avant, de l'après, de vous, de moi, de l'illusion, de l'illumination. Par la respiration consciente, profonde et régulière, un passage se fait entre tous les pôles de notre dualité, un chemin se trace qui les rassemble et nous permet d'aller au-delà, de réaliser l'unité.

Nous connaissons dans notre vie des séparations, des deuils, des pertes qui viennent toucher nos « acquisitions », réduire à néant ce qui renforçait le moi. Le Bouddha en avait pris conscience : l'impermanence, la mort, sont la source de notre souffrance fondamentale. Combien de vies sont-elles frappées de totale vanité, de total non-sens parce que la mort est au bout ?

Zazen se pratique à partir de cette évidence : rien de ce que nous croyons posséder ne nous appartient et n'est durable ; si nous devons mourir, c'est parce que nous sommes nés. Dans le zen et dans le bouddhisme en général, on s'interroge non pas sur l'après-mort, mais sur l'avant-naissance. « Quel était ton visage avant la naissance de tes parents ? » questionne un kôan. Revenir à l'état de notre naissance, c'est prendre conscience que ce qui est apparu à notre naissance est un individu constitué d'un corps, de sensations, de perceptions, de désirs, de volitions et de conscience. Et si nous avons peur de mourir, c'est que nous savons qu'à notre mort disparaîtra le moi qui nous rend si anxieux pour y être tant attachés.

En réalité, nous participons de l'univers tout entier, et si nous prenons conscience que nous sommes faits des mêmes éléments que l'univers, alors notre individualité devient un phénomène, une vague à la surface de l'océan, elle n'est plus le fond de notre être. Notre être profond, c'est d'avoir toujours existé, c'est que ce qui nous constitue n'a ni commencement ni fin, que notre forme est transitoire. Retrouver l'unité avec l'univers est l'expérience qui peut nous faire surmonter l'angoisse de devoir mourir un jour.

En se concentrant sur la posture et sur la respiration, on connaît un état d'accomplissement où l'instant est pleinement vécu, sans pensée, sans regret du passé, sans attente de l'avenir. Cette attitude consistant à pratiquer *zazen* pour *zazen*, à être présent à ce qui est présent, et que nous appelons *mushotoku*, peut nous permettre d'expérimenter une étincelle d'éternité, la plénitude au-delà du manque. Cela se réalise par un renversement, une révolution de l'esprit qui cesse d'être en quête de quelque chose, et par là même dans une misère et une souffrance qui nous empêchent d'accomplir notre véritable richesse : la nature de Bouddha, de Dieu qui est en nous. S'asseoir en *zazen*, c'est se mettre dans une posture d'éveil ici et maintenant, sans attente. L'éveil est déjà là, ce n'est pas pour plus tard.

Dans la vie quotidienne, l'esprit du zen consiste donc à accomplir chaque chose comme une méditation, en étant un avec ce qui est accompli — que l'on soit nettoyeur, enseignant, maçon, mécanicien... — à faire la chose pour l'amour de la chose, quelle qu'elle soit, sans recherche de profit, quel qu'il soit, dans l'esprit de service, avec la conscience qu'en l'accomplissant on s'accomplit soi-même. Le sens de ce que nous vivons ne tient pas tant au but poursuivi qu'au fait d'accomplir pleinement toute chose dans l'esprit du don, dans l'unité.

Le sens de la vie, au-delà de la naissance et de la mort

Nous sommes le résultat d'un don — la vie qui nous a été donnée — et nous ne pouvons vivre en harmonie qu'en pratiquant le don. Tout ce que nous allons essayer d'accumuler pour nous-mêmes, nous savons que nous ne pourrons pas le garder. Mais tout ce que nous donnons nous quitte et se continue, se propage comme une vague à l'infini. Une des vertus du don n'est pas de nous faire gagner l'immortalité comme récompense à nos bonnes actions, mais de nous faire expérimenter une dimension au-delà de la naissance et de la mort, cet état que l'on connaît en s'investissant totalement dans chaque chose.

Si je dois mourir ce soir, vais-je regretter d'avoir donné cette conférence aujourd'hui ? Me dirai-je que j'aurais mieux fait d'aller me promener dans la montagne, d'aider quelqu'un ou faire autre chose ? Si, au moment de mourir, je repasse en revue les dernières vingt-quatre heures, et que je peux dire que j'ai été en accord avec ce que j'ai fait, qu'il n'y a rien en trop et qu'il ne manque rien, alors je peux mourir en paix.

Après tout, la mort est notre maître à tous, non

pas parce qu'elle nous domine, mais parce qu'elle nous enseigne à vivre totalement, de façon à ce qu'il n'y ait pas, comme dit Marie de Hennezel, d'« affaires inachevées ». Le fait de devoir mourir bientôt crée l'urgence à réaliser tout ce qui n'a pas été réalisé, redonne le sens de l'essentiel.

Un apprenti thérapeute demandait : « Que dire à quelqu'un qui arrive à l'âge de soixante ans et qui est complètement désillusionné, pour qui la vie n'a plus de sens ? » Il me semble que c'est à partir de ce moment-là que les choses sérieuses commencent. Si je me rends compte que tout ce que j'ai bâti n'avait aucune signification profonde, alors tout s'effondre et se pose la vraie question : par-delà ce que j'ai accumulé et qui me file entre les doigts, qu'est-ce qui, dans la vie, fait véritablement sens ?

Autrement dit, la quête du sens est fondamentale non pas en tant qu'obsession qui nous empêcherait de vivre, mais comme une incitation, une forme d'urgence à ne pas passer à côté de la vie.

Par la pratique de *zazen*, nous tentons de nous relier avec notre nature la plus profonde et de vivre à partir de cela. Réalisant que le sens profond de notre vie est de vivre pleinement notre unité avec tous les êtres vivants, alors s'éclaire toute une dimension de la vie qui est l'action.

Éthique et sens de la vie

On vit dans une époque de nihilisme, où finalement toutes les idéologies s'effondrent. Pour ceux qui ne croient plus en rien, pour ceux qui sont désillusionnés par toutes les idéologies, comment faire ? C'est alors le moment de tourner son regard vers l'intérieur, et de rechercher ce que signifie être dans ce monde. Si on arrive à la découverte qu'être, c'est être avec, alors tous les préceptes de l'éthique universelle trouvent leur fondement et leur signification profonde.

Ne pas tuer. Ne pas tuer, c'est ne pas se tuer soi-même, ne pas tuer l'esprit qui nous anime, l'*esprit un*, qu'on appelle Saint-Esprit, Dieu, Bouddha, nature de Bouddha... Ne pas tuer, c'est la seule chose, finalement, qui peut faire sens, et donc donner la possibilité de vivre, de s'épanouir dans une pratique de méditation, de prière, ou tout autre chemin qui nous est ouvert et qui permette à cet esprit de s'épanouir.

Ne pas tuer, c'est aussi, bien sûr, ne pas ôter la vie aux êtres vivants — les humains, les animaux, les plantes —, les respecter comme « autres » mais aussi comme faisant partie de nous. Si nous arrivons à avoir le sentiment que lorsque nous écrasons un insecte, c'est comme si on se faisait du mal à soi-même, il nous devient impossible de tuer. Il faudrait se sentir dans une intimité, une unité telle avec le vivant, être dans un état de respect et d'amour tel qu'il ne soit plus possible de porter atteinte à l'intégrité et à la vie de l'autre.

Ne pas voler. C'est le précepte qui concerne tout ce qui est l'identification à notre ego. L'ego est voleur, le moi est voleur, parce qu'il se constitue de bric et de broc en s'identifiant à toutes sortes de choses, et qu'il finit par penser : « Ceci est moi, ceci est à moi. » Ne pas voler, c'est se rendre compte que rien ne m'appartient, et donc abandonner l'avidité, l'esprit possessif — abandonner, finalement, ce qui est une cause fondamentale d'angoisse, d'inquiétude, de souffrance, nous l'avons vu.

Là encore la mort est un grand maître, qui nous rappelle que rien de ce que nous croyons posséder nous ne le possédons. Alors non seulement nous ne pouvons pas voler, mais nous ne pouvons vivre que dans le partage et le don.

Ne pas mentir. Dans le zen, ce n'est pas simplement ne pas raconter d'histoires fallacieuses, c'est essayer de vivre de manière authentique, c'est-à-dire à partir de la vérité que l'on découvre de soi-même. Pratiquer *zazen* apprend à ne pas se mentir à soi-même.

Pendant la pratique de *zazen*, dans les premiers temps (ce qui peut durer fort longtemps), nous revient tout ce que nous n'avons pas voulu voir de nous-mêmes, de nos ombres, tout ce que nous avons refoulé, nos mauvais côtés, tout ce qui ne nous plaît pas de nous-mêmes et que l'on a essayé d'oublier, d'occulter. En *zazen*, l'attitude mentale est : pas de jugement, c'est un état d'accueil et d'acceptation de ce qui est. Ainsi, puisqu'il n'y a plus d'effet de répression, tout ce que nous avons refoulé remonte du subconscient et apparaît dans le miroir.

Au lieu que cette réalité humaine nous désole et soit l'objet de notre jugement, elle devient au contraire le terreau de la compassion. C'est à partir de ce qui apparaît dans le miroir que nous prenons conscience de ce qui en nous est limité et auquel, malheureusement, nous nous identifions souvent, que nous prenons conscience de ce qui nous empoisonne la vie, et qui nous fait souffrir : les peurs, l'avidité, la haine, le rejet, les attachements, l'ignorance et la méconnaissance dans lesquels nous avons vécu jusqu'à maintenant et encore. Nous le voyons, l'acceptons, et cela nous rend plus tolérants ; et les êtres humains nous apparaissent d'autant plus comme nos frères que nous aurons essayé sinon de faire le tour de nos propres illusions, en tout cas d'aller au fond.

Ne pas se montrer plus saint, plus sage, plus fort, etc., que l'on n'est, cela est suivre le précepte de ne pas se mentir à soi-même, de façon à ne pas mentir aux autres. Et l'on remarque

que lorsqu'on accepte de reconnaître ses propres faiblesses, ses souffrances, ses limitations, cela permet immédiatement que l'autre reconnaisse aussi cela en lui-même et, le reconnaissant, en soit soulagé par le fait de le partager. Nous ne sommes pas seuls avec nos illusions, notre stupidité, nos attachements.

La compassion envers autrui passe donc par la compassion envers soi-même. S'acceptant tels que nous sommes, nous allons pouvoir découvrir qu'au-delà de toutes ces limites auxquelles nous nous sommes identifiés, au-delà de tout ce que nous croyons être moi, la vraie nature de notre existence est complètement infinie et illimitée. Il n'est pas question d'une conviction philosophique, mais d'une expérience intime. « Qui suis-je ? », selon la fameuse question de Socrate ; nous pouvons creuser ce kôan fondamental jusqu'au moment où l'on abandonne l'idée qu'on pourra le savoir un jour, et où on se rend compte que notre véritable nature est insaisissable, ne se laisse enfermer dans rien, parce qu'elle déborde de tous les côtés.

Dès lors, en pratiquant les préceptes, on mène une vie éthique pleine de sens et non de peur. Car nous pouvons aussi ne pas tuer, ne pas mentir, ne pas voler, ne pas s'intoxiquer, ne pas avoir de mauvaise sexualité par crainte d'avoir un mauvais karma, une mauvaise réincarnation — prudence morale qui vaut toujours mieux que transgresser tous les préceptes et causer la souffrance autour de soi...

Bodhidharma, le fondateur du zen en Chine, disait que les préceptes de Bouddha et toute l'éthique bouddhiste n'étaient que l'expression de la nature de Bouddha. Pour lui, le précepte fondamental était de se relier à la nature de Bouddha, à la nature profonde de notre vie afin d'être avec elle dans une telle harmonie que les préceptes deviennent caducs parce que allant de soi.

Tout être vivant a la nature de Bouddha

La question du sens de la vie, c'est aussi celle de notre relation avec la nature en général. Il y a véritablement urgence à nous rendre compte que d'avoir renforcé notre puissance, notre pouvoir sur la nature et les êtres a abouti à un gaspillage d'énergie et à une pollution qui sont la preuve tangible que nous avons trahi quelque chose à notre nature profonde.

Tels des Prométhée, nous avons agi comme des êtres qui, peut-être à cause de leur misère spirituelle, n'ont rien trouvé de mieux que d'essayer d'accumuler du pouvoir — ce pouvoir qui, finalement, pollue sans pour autant combler le vide créé par l'absence de sens dans notre existence. Heureusement que, de temps en temps, une crise existentielle vient nous montrer qu'on s'était trompé.

Comme je le disais tout à l'heure, c'est là que les choses sérieuses commencent !

Une écologie véritable doit avoir son fondement dans une dimension spirituelle réalisée, ce doit être une révolution qui nous fait prendre conscience que nous faisons partie de la nature et que l'existence humaine n'est pas plus importante que l'existence d'un animal ou d'un arbre. Cet espèce d'orgueil que nous avons à croire que nous sommes des créatures privilégiées fait courir un danger fondamental pour la vie sur cette planète.

Pour que la vie sur cette planète puisse continuer, nous devons réaliser cette humilité fondamentale qui fait que, notre vie ne valant pas plus que celle d'une fourmi, nous la contournerons au lieu de lui marcher dessus.

J'espère que nous accéderons à cette dimension où nous sommes des créatures vivantes parmi les créatures vivantes et qu'ainsi nous pourrons vivre dans le respect complet de tous les êtres vivants.

Zazen m'a aidé à retrouver le sens du message d'amour du Christ, que je n'avais pu découvrir à travers le catéchisme de mon enfance : « Aime ton prochain comme toi-même », non pas comme un commandement, une prescription, mais comme la réponse à la question de ce qu'est véritablement la vie. Si je réalise vraiment que la vie c'est *vivre avec*, qu'aucune vie ne continue sur cette terre en étant isolée du reste du vivant, alors l'amour devient le fondement de la vie.

Les croyants pensent que la Création est un acte d'amour de Dieu, qui a voulu à travers elle que l'amour s'incarne et se vive non seulement entre les hommes mais aussi entre les hommes et ce qui les dépasse infiniment.

Malheureusement, les jeunes rejettent la dimension religieuse traditionnelle parce qu'elle ne correspond pas à une expérience vivante : vous devez croire, il faut croire, c'est dit, c'est écrit, c'est comme ça, c'est ça qui est juste, etc. Trop de préceptes, trop de dogmes. Ce qui est transmis de cette façon-là, ce n'est pas la religion vivante, ce n'est pas l'esprit religieux, c'est quelque chose qui est profondément mortifère et dont on a envie de se détourner.

Quand maître Deshimaru est arrivé en Europe, en 1967, il a dit : « Je ne suis pas venu ici pour apporter une nouvelle religion, je suis venu ici pour aider Dieu, pour aider Dieu à redevenir vivant dans le cœur des hommes, en les aidant à travers la pratique de *zazen* à retrouver le chemin d'une véritable spiritualité vivante. »

Questions-réponses

Vous avez effleuré un paradoxe très complexe, qui est peut-être lié à notre civilisation : quand les hommes parlent, peignent, dessinent, fabriquent, font les choses, ne sont-ils pas dans l'obsession de créer du sens et, en même temps, dans l'illusion d'être eux-mêmes des créateurs ?

Mon sentiment profond sur la question du sens, par-delà tout ce que j'ai pu dire, c'est qu'il n'y a pas besoin de sens, et ceci en soi est véritablement l'éveil. Et le sens sera d'arriver à vivre dans cet état où on n'a pas besoin constamment de mettre du sens partout. Parce que le sens est dans notre manière de vivre à chaque instant.

Quand un peintre se met devant une toile, il y a une espèce de jaillissement de vie, de créativité, quelque chose qui surgit et qui donne une œuvre, qu'il expose. Le tableau est regardé, et tout le monde veut y aller de son sens : ça veut dire ceci, vous n'avez pas voulu dire cela, etc. Souvent, l'artiste laisse dire, mais c'est complètement dépassé. « Ah bon, vous voyez ça, ah bon, très bien, oui peut-être ! Mais je n'ai pas mis tout ça. Le sens de mon œuvre c'est simplement d'avoir produit ça. C'est tout, regardez. »

Être capable de regarder vraiment rend inutile l'acte de mettre du sens. C'est ce que j'exprimais tout à l'heure en parlant du coucher de soleil : une expérience d'une telle plénitude ne nécessite pas que l'on y ajoute du sens.

Cela revient à vouloir mettre des pattes à un serpent. Il n'y a pas besoin de rajouter du sens mais, apparemment, nous sommes conditionnés, de par le langage, à fonctionner ainsi dans le symbolique et dans la signification. Alors si vous voulez du sens, on vous en donne. On en trouve, et on peut en bricoler de toutes sortes de manières.

Mais la véritable dimension de la quête spirituelle c'est de contacter cet état de vie dans lequel on n'a pas besoin de sens, où l'on vit pleinement le fait d'être là, ici et maintenant dans le *un avec*. Le sens appartient à la dualité, le *un avec* est au-delà de toute signification, c'est un état de réalisation et de paix intérieure qui est, me semble-t-il, l'accomplissement véritable de notre vie.

Le sens, c'est d'arriver à cela. Et ce sens nous aide, nous soutient. Nous, êtres de langage, sommes dépendants du sens. L'oiseau, en volant, a-t-il besoin de sens ? Cette fleur se questionne-t-elle sur le sens de son existence ? Elle est elle-même, complètement.

Le Bouddha, qui avait répondu pendant quarante-cinq ans aux innombrables questions qu'on lui avait posé sur le sens, finit un jour par se taire. Il prit une fleur, la fit tourner entre ses doigts. Dans la salle où il se trouvait, quelqu'un regarda la fleur et sourit. Son regard et celui du Bouddha se croisèrent dans un sourire, et ce dernier dit alors : « Je possède le trésor du véritable *dharma*, l'esprit serein du *nirvana*, maintenant il est transmis à Mahakashyapa. » Ce disciple-là avait regardé la fleur dans un état de totale communion, au-delà de tout esprit d'ego qui veut mettre des significations partout.

Cet état d'être, c'est l'origine de la transmission du zen. C'est ce qu'on a appelé la transmission d'âme à âme, au-delà des mots, donc au-delà des significations. De l'esprit authentique de Bouddha à l'esprit authentique de Bouddha.

Les outils de la sagesse

LAMA PUNTSO

Là où nous en sommes

Les fondateurs des traditions sont toujours très inspirants et je voudrais vous conter un épisode de la vie de Marpa.

Marpa était fermier au Tibet, un fermier bourru, travailleur, mais aussi pratiquant accompli et très érudit. Il traduisait des textes bouddhiques du sanskrit en tibétain. Pendant des années, Marpa travailla son champ et éleva des troupeaux et, par ce travail, accumula de la poudre d'or qu'il voulait offrir à Naropa, un grand maître qui résidait en Inde. Marpa savait que la rencontre avec Naropa lui permettrait de recevoir l'essence de l'enseignement, non pas des mots, mais une réelle transmission. Pendant des années, Marpa accumule, travaille, médite, pratique, travaille encore, rassemble son or. Finalement, il part pour un périlleux voyage, traversant les Himalayas, du Tibet jusqu'en Inde. Il cherche Naropa, longtemps, puis arrive enfin dans une petite forêt, près de chez son maître. Avant de se présenter à lui, Marpa prélève une partie de l'or se disant que, s'il avait autre chose à demander plus tard, il lui resterait de quoi faire une offrande. Il arrive devant Naropa, s'incline. Tandis qu'il s'apprêtait à offrir l'or, Naropa lui dit que ses disciples lui offrent sans compter. Marpa sort donc l'or qu'il avait mis de côté et il offre le tout à Naropa. Ce dernier ajoute alors qu'un être comme lui n'a pas besoin d'offrandes matérielles, puis il lance l'or aux quatre vents. Imaginez ce qui a pu se passer dans la tête et le cœur de Marpa à ce moment-là.

On ne peut soupçonner Naropa d'orgueil : il avait créé cette situation pour éprouver Marpa, pour le désillusionner, pour lui permettre de partir de là où il était vraiment, de prendre conscience de son illusion.

Cette histoire nous montre qu'il est important de partir de « là où nous en sommes ». Si quête de sens il y a, son point de départ est la situation dans laquelle nous nous trouvons.

Le territoire de l'ego

Où en sommes-nous ? Nous sommes sérieusement préoccupés par nous-mêmes, centrés sur nous-mêmes. Le matin, au réveil, on se rappelle tout à coup qu'on est soi-même. Quand on regarde dans le miroir, même si ce n'est pas toujours très clair, « c'est moi qui me regarde dans ce miroir ».

Toute mon expérience, tout ce que je dis, tout ce que je fais, tout ce que je pense et conçois, est centré sur moi. Je suis le centre de mon expérience. À partir de ce moi, j'entre en relation avec le monde qui m'entoure. Je vais donc devoir confirmer ce moi.

Pour confirmer mon territoire, je vais rassembler les objets, les relations, les connaissances, les pratiques spirituelles, tout ce qui peut me conforter dans ce que je suis. C'est l'attachement.

À partir de là, je vais protéger le territoire : tout ce qui me remet trop en question, tout ce qui me met en danger, je vais le rejeter. C'est la colère, l'aversion. Ensuite, je me rends compte qu'il y a d'autres territoires et que je suis en confrontation, en compétition, c'est la jalousie qui prend le relais. Finalement, pour être certain de conforter ce que je suis, l'orgueil va solidifier l'idée que j'ai de moi.

Je suis complètement pris dans une relation émotionnelle au monde : attachement, aversion, jalousie, orgueil, dans beaucoup de confusion. Cette situation et ce fonctionnement sont marqués par l'insatisfaction.

Quand peut-on se dire : « Ça y est ! Ça y est complètement ! il n'y a rien en trop, il n'y a rien qui manque ? » Quand expérimentons-nous ces rares moments de plénitude ?

Mais quand bien même y serions-nous plongés,

immédiatement, il y a une volonté d'avoir plus qui prend place, comme si nous voulions être plus pleins encore. Alors, nous nous mettons à chercher, ou bien, à l'inverse, la peur de perdre cette plénitude nous prend et nous replongeons dans les émotions centrées sur le « je ».

Nous nous identifions à ce que le Bouddha a appelé les agrégats : le corps, les sensations, les perceptions, les pensées. Nous avons une conscience de tout cela. Nous nous identifions aux agrégats et nous sommes dans le manque ou dans le trop, toujours dans l'insatisfaction. Nous sommes des êtres d'insatisfaction et de souffrance.

Le potentiel d'éveil : base et fruit

Heureusement, les êtres que nous sommes ont un immense potentiel de sagesse. Ici, l'exercice devient périlleux car il faut mettre des mots sur ce qui ne s'exprime pas, sur qui ne peut qu'être expérimenté. Le Bouddha a toutefois donné des pistes :

Cette sagesse est sans limites. Pour un esprit éveillé, rien n'entrave la nature de l'esprit présent en chacun. Nous n'en avons pas l'expérience maintenant, mais cela ne change rien à la réalité de ce potentiel. On parle de vacuité et cette vacuité n'est pas un néant, n'est pas un rien du tout. Elle est remplie de qualités : qualité de clarté, de lucidité, de compassion. L'esprit de sagesse est marqué par la créativité, au sens le plus large du terme. Tout s'élève de l'esprit, tout prend place à partir de l'esprit.

Parmi ces qualités, il en est une dont nous reparlerons par la suite, qui est la capacité à connaître. L'esprit de sagesse connaît et peut se reconnaître et, de plus, il n'est pas conceptuel.

On peut décrire l'esprit longuement, de nombreux traités expliquent ce qu'est la nature de Bouddha, ce qu'est cette sagesse. À la fin des traités, lorsque nous avons tout étudié, nous avons toujours l'impression que quelque chose manque. Ce quelque chose est l'expérience immédiate de la sagesse.

Si quête il y a, et c'est une première proposition, il s'agit de partir de notre situation de confusion pour reconnaître cette dimension de sagesse. Sachant que la confusion et que les émotions ne sont pas autre chose que de la sagesse non reconnue, tronquée.

« Nous sommes tordus, il faut nous détordre !

— Merveilleux ! »

Il n'y a pas de sens dans cette dimension de sagesse, pas de référence, c'est de l'ouvert, complètement ouvert ; c'est de l'ouverture que le sens naît. Le sens est compassion.

La compassion consiste à donner, aux autres et à soi-même, l'opportunité de reconnaître la sagesse, la nature de l'esprit. Si sens il y a, c'est de retrouver ce « non-sens », ce non-référentiel, ce non-duel. Nous sommes obligés de le qualifier par la négative. Pourtant, c'est une expérience pleine de joie, pleine du jaillissement de la compassion. Mais cette compassion n'est pas « égocentrée », c'est l'esprit qui se reconnaît en lui-même, la dimension éveillée qui se déploie sans « un pour moi ou un pour les autres », c'est la compassion sans référence, le « fruit ».

Le chemin

Nous sommes dans la confusion et nous avons un potentiel de sagesse, mais que faire de cela ? Le matin au réveil, il y a des difficultés à se dire que la sagesse est là, voire même de s'en rappeler.

Pour commencer le chemin, la quête, le Bouddha nous invite à développer une motivation juste : le souhait de réaliser l'éveil pour le bien de tous les êtres. Donc, le matin au réveil, je vous conseille de vous dire : « Je souhaite que ma journée soit consacrée à amener tous les êtres à l'éveil. »

On a l'impression que cela n'engage pas à grand-chose, comme si ce n'était pas pour nous. On se demande comment, avec les difficultés que nous avons à nous en sortir avec nous-mêmes, nous pourrions prétendre aider les êtres, tous les êtres, et qui plus est les amener à l'éveil. Pourtant, c'est cette motivation qui est le point de départ.

Accomplir le bienfait de tous les êtres, amener

tous les êtres à l'éveil, c'est ce que l'on appelle : la phase du fruit.

Par la motivation d'éveil, nous définissons le fruit, notre but. Le potentiel qui est en nous est cette capacité à amener les êtres à l'éveil. Nous pouvons donc nous permettre de développer cette motivation, d'en avoir le courage parce que, parlant de la quête du sens, la quête ne peut naître que du sens lui-même. Nous ne pouvons avancer vers le sens que parce que le sens est déjà présent. Nous pouvons nous permettre d'affirmer maintenant que nous souhaitons accomplir le bienfait de tous les êtres, parce que cette capacité est déjà complètement présente en nous. Fondée sur la motivation d'éveil, chacune de mes actions devient la cause de cet éveil. Cette motivation, l'impulsion de cette motivation va décider de la force de l'action. C'est elle qui a fait dire au grand maître indien Padmasambhava : « Ayez l'esprit comme l'espace et l'action comme la fine fleur de la farine. »

La motivation aussi vaste que possible, et l'action aussi précise que le quotidien le demande. Une action, posée avec un esprit vaste, devient une action vaste, aussi infime, aussi petite qu'elle puisse être. C'est la force que je mets dans l'esprit qui décide de la force de mon action. C'est à la portée de tout le monde, parce que tout le monde a ce potentiel. On peut se permettre d'avoir confiance, et même se permettre d'*avoir confiance en soi*.

Le doute ?... Bien sûr, il va s'élever. Les difficultés ?... On va les rencontrer, bien sûr.

Fondamentalement, cette sagesse est là, le doute ce sont les nuages, les difficultés c'est l'orage. On peut avoir autant de nuages que l'on peut imaginer, on peut avoir la foudre, un ouragan, une tornade... ça ne change rien à l'espace. Aussi obstrué qu'il puisse être, l'espace reste l'espace, rien ne va le transformer. Autant de doutes que l'on puisse avoir, autant de peurs, autant d'incertitudes, rien n'altère la dimension de sagesse. Cela est à inscrire au plus profond de soi-même. On peut avoir confiance.

C'est acquis, nous sommes dans la confusion, mais nous avons le potentiel de sagesse, il n'y a aucun doute à ce sujet, et l'esprit vaste, et l'action précise.

Puis, on se lève le matin, on sait qu'on peut déployer cette motivation, qu'on va accomplir le bienfait de tous les êtres, et... on part au travail, et... on rencontre le collègue... — redoutable ! — car ce collègue a un gros défaut... il existe ! On était prêt... : « Le bienfait de tous les êtres, l'éveil... » et on entend la voix de ce type ou de cette bonne femme, seulement sa voix, et me voici incapable d'une quelconque ouverture, d'une quelconque tolérance. Le jugement tombe comme un couperet : évidemment, il (ou elle) a encore rangé le dossier là où il ne fallait pas. Cela ne fait que confirmer la vision que j'ai de cette personne, la preuve en est.

Que faut-il en conclure ?

Nous étions partis dans la quête du sens, dans l'éveil, dans le bien de tous les êtres, et la rencontre avec une personne (que je ne rencontre même pas), par le simple fait d'entendre sa voix, de penser à elle, me fait devenir riquiqui.

C'est là que le chemin commence.

Avec la certitude de la réalité de l'éveil et notre confiance en lui, commence la réelle quête, celle de faire face à notre médiocrité et à notre étroitesse d'esprit. Il faut faire face à « ça », c'est « ça » que nous sommes, c'est « ça » notre matériau. Ce collègue est notre meilleur gourou. C'est lui qui va nous révéler nos limites, c'est lui qui va faire apparaître notre incapacité à vivre cette motivation que nous avons.

Il est merveilleux !... Et pourquoi est-il merveilleux ce collègue ? Justement parce qu'il va nous révéler nos limites. Or, ces limites n'ont de valeur d'existence que pour être dépassées. Nous en avons la capacité, nous avons tout ce qu'il faut pour cela.

La méditation

Quand on parle d'émotions, on parle de colère, de mesquinerie, d'attachement, de jalousie, mais il y a aussi des moments de grande inspiration, des moments d'ouverture, de réel respect. Tout cela est présent, cela mûrit et tout le reste est notre matériau pour aller à la rencontre de nous-mêmes et de nos défauts. On parle alors de méditation.

La littérature à ce sujet est abondante. On a pu lire que « méditer c'est faire le vide » : ainsi, puisque les émotions qui remplissent l'esprit sont la cause de nos difficultés, de nos problèmes, on les élimine ; puisque les concepts et les pensées nous limitent, on les chasse, on fait le grand vide ; ou alors on s'assied en *zazen* et il n'y a plus de pensées, plus d'émotions, on met la pression, on commence à méditer, on commence à contrôler un peu, beaucoup, ça marche... et on sort de la méditation avec l'expérience qui s'appelle l'« expérience de la cocotte-minute ». Méditer avec une volonté farouche de faire le vide est dangereux. Le vide vient tout seul.

On a pu lire aussi au sujet de la méditation qu'« il faut être bien ». Alors on va méditer avec dans l'esprit : « On est bien », pas trop d'émotions, pas trop de difficultés, pas trop de bonheur non plus, mais on est bien. Cela s'appelle « le cocon de méditation », un petit cocon dans lequel on s'installe, dans lequel on est bien. Mais le problème, la difficulté, c'est que l'esprit, lui, est redoutable et ce n'est pas parce qu'on veut un petit cocon que l'esprit va devenir cela. On l'a vu, l'esprit est créatif, il n'arrête pas de proliférer, et quand une émotion s'élève, le désir ou la colère, que va-t-on va faire de notre cocon, de notre colère ? On est perdu. Il n'y a pas de défaut à être bien dans la méditation, mais il n'y a pas à le rechercher. Méditer, ce n'est pas être bien à tout prix.

On a pu lire, aussi (et même de merveilleux textes), des biographies de grands maîtres. Milarepa, dont vous avez sûrement entendu parler, a des expériences, des visions incroyables. Ça monte ici, ça descend là, des trucs de félicité... On se dit : « Ça, c'est pour moi ! » Alors on va chercher et ça peut marcher, on peut faire s'élever des expériences. Mais que faire de cette expérience-là, qui est pour nous comme un nouveau jouet ? Lama Guendune, mon maître, disait souvent : « Vous voulez des expériences ? Prenez vos deux index, fermez les yeux et appuyez pendant vingt secondes. Dès que vous enlevez les doigts et que vous ouvrez les yeux, il y a des étoiles partout... »

Tout cela n'est pas de la méditation. En tout cas, ce ne sont pas des méditations qui mènent à plus de lucidité, à plus de clarté, à plus de tendresse, à plus de chaleur.

La méditation à laquelle nous convie le Bouddha tend à permettre à cette dimension connaissante de l'esprit de se reconnaître. « Ne l'enfermez plus, ne l'empêchez plus, ne l'entravez plus. Asseyez-vous et regardez à l'intérieur, posez ce regard intérieur. » L'esprit peut le faire et quand on regarde, on voit.

Ce que l'on voit dans la méditation, au début, c'est ce que l'on est et, pour être honnête, ce n'est pas toujours très réjouissant. La méditation, c'est comme Naropa qui lance l'or. Tout à coup, on ne peut plus se cacher : on voit l'orgueil, la jalousie, l'attachement, la colère, et on s'accueille — car méditer, c'est s'accueillir — dans l'instant, là, on s'assied et on ne se juge pas. « On est en colère ? Eh oui ! On est orgueilleux ? Eh oui, et bien plus qu'on ne le pensait... Mais oui ! » C'est important d'être prévenu à l'avance.

Lors d'un échange avec des personnes venues méditer dans la communauté d'où je viens, en Dordogne, une débutante s'exclama, les larmes aux yeux : « C'est dangereux tout ça, parce que, voyez-vous, je l'ai fait et je suis en pleine déception, je ne m'imaginais pas comme ça, je suis en train de me rendre compte que je suis bourrée de défauts, de mépris pour les gens. » Cette dame avait en plus l'honnêteté de partager cela avec tout le monde. Évidemment c'était une surprise, une déception, une immense désillusion, mais une vérité vraie.

Il n'y a pas de chemin spirituel sans déception, on ne peut pas faire autrement que d'être déçu. On s'illusionne. Si sens il y a, si vérité il y a, elle commence là, dans cette déception de ce que l'on est, dans cette désillusion. Si on a le courage d'accueillir « ça », alors on peut se dire qu'un défaut, après qu'on l'a vu et rencontré, devient une qualité potentielle. Nous sommes bourrés de qualités potentielles, tout dépend de ce que nous allons faire du matériau que sont nos défauts.

Avant de façonner un objet, le potier plonge les mains dans la glaise grasse et informe. À cet instant, allons à la rencontre de « ça ». Et « ça » demande beaucoup de détente et de vigilance.

Pensez à cette détente que l'on ressent à la fin de la journée, alors que les enfants sont au lit, que la vaisselle est faite, lorsqu'on s'installe dans un fauteuil en se disant : « Ça y est, tout est accompli, la journée est finie » ; alors s'ouvre un certain espace.

Dans la méditation, il faut arriver à s'asseoir comme si tout était accompli, dans la détente puis la vigilance. S'entraînant à la présence, la capacité qu'à l'esprit d'être là, de se voir, de se reconnaître, de se recevoir, de s'accueillir, suffisamment détendu pour laisser s'élever les choses, suffisamment vigilant pour les reconnaître, alors vient un moment où on lâche. Il faut certes un peu de pratique, mais cela en vaut la peine.

La générosité

La méditation, c'est ce qui se passe quand on est assis sur le coussin (ce qui est aussi possible sur une chaise). Que fait-on lorsqu'on n'est plus assis ? Le Bouddha nous invite à développer la générosité. Décentrons-nous ! Au lieu d'être centré sur soi-même, on peut s'ouvrir à l'autre, il n'y a pas de danger, on peut se permettre d'être généreux. Pourquoi peut-on se permettre d'être généreux ?

Parce que c'est dedans. On peut s'ouvrir. La qualité est à l'intérieur. Entre le moment où on s'ouvre et le moment où la qualité émerge, il y a un *no man's land* inconfortable, mais il faut prendre des risques, se mettre un peu en danger, car cela vaut la peine de s'ouvrir. « Soyez généreux ! Entrez en relation ! »

C'est cela la générosité : entrer en relation avec l'autre et créer des liens positifs, des liens qui invitent, des liens qui donnent envie.

Il nous est arrivé quelque chose de très drôle à l'entrée du théâtre, un homme complètement saoul était là : « Oh, me dit-il, vous êtes beau... » Ma première réaction a été : « Ah non ! Pas maintenant ! Déjà que j'arrive dans un endroit où il faut prendre connaissance des lieux, retrouver des gens, etc., non ! » Et puis je me suis dit : « Mais attends, on est en avance, on peut. » On s'ouvre, on voit ce qui se passe. C'était chaleureux... On peut se permettre ça. C'est un petit exemple (il y a en mille) de la générosité dans la relation ; soyez positifs, plantez des graines.

La générosité peut être matérielle, elle peut être aussi ce que Bouddha appelait la générosité de protection. Il y a besoin de paroles, de dire les choses, besoin d'écouter. Il y a des personnes, des gens, des êtres, pour qui il suffit de dire ce qu'ils vivent pour qu'ils aillent mieux. Cela vaut la peine d'être juste là et de les écouter. Parfois, nommer les choses, les dire, suffit à dissiper les peurs, les inquiétudes. On peut être généreux dans ce sens-là.

Enfin, il y a la générosité spirituelle, par laquelle nous partageons les expériences, les questions, les réponses, les témoignages..., et les moyens qui nous permettent d'aller dans la quête du sens. Cette générosité ouvre, nous ouvre, mais dans l'espace qu'elle crée, on pourrait se perdre.

L'éthique

Pour ne pas nous perdre dans l'ouverture, nous avons besoin d'enracinement. Et c'est l'éthique qui nous l'apporte. Comme l'a expliqué Roland Rech, les préceptes nous permettent de retrouver l'essence qui, finalement, rend caducs les préceptes. Les préceptes ne sont pas des règles, l'éthique est un état d'esprit.

Lors d'un stage auquel participaient une trentaine d'adolescents, nous étions partis du principe qu'on ne volerait pas, qu'on ne tuerait pas, qu'on ne mentirait pas, etc. Au bout de quelques jours, une jeune fille a dit : « Mais c'est très difficile de ne pas mentir, c'est vraiment très difficile, je ne m'étais pas rendu compte de cela ! » Quand on prend conscience de ce que signifie vraiment respecter la parole de l'autre, ne pas la trahir, on se rend compte que, la plupart du temps, par le manque de conscience, par les émotions et par les habitudes, nous en sommes loin.

Être dans l'éthique, c'est ne plus agresser l'autre, ne plus lui nuire. Dès lors, on peut s'ouvrir à l'autre et penser à son bien.

La générosité, l'ouverture, l'éthique, l'enracinement..., certes ce chemin demande du temps. Or nous sommes pressés dans un monde pressé, on ne peut pas prendre le temps, il faut décider, vite, faire les choses, vite... Pourtant, il nous faudrait de la patience, il faudrait pouvoir laisser sa chance à la situation, au moins un instant.

La patience, c'est d'accueillir une situation et de ne pas la juger tout de suite. L'idéal serait de ne pas juger du tout, mais nous sommes encore en chemin. Alors, passons du jugement à la discrimination, à la compréhension, à la lucidité. Donnons du temps à cet espace, à cet enracinement, à la générosité, à l'éthique, à l'ouverture.

Mais, de vous à moi, nous sommes souvent très paresseux, même si le jeu en vaut la chandelle. Pourtant, il faut avoir la « pêche » et faire un effort — cet *effort enthousiaste*, comme l'appelait Bouddha, qui n'est pas volonté, mais énergie, inspiration...

L'effort enthousiaste

Cela se passe dans la communauté d'où je viens, une fin de journée où il y avait beaucoup de visiteurs. Nous étions quelques moines, plus ou moins vaillamment affairés. « *Tseundrou ! Tseun-*

drou ! » nous dit un vieux Tibétain qui se trouvait là. « Effort enthousiaste, effort enthousiaste ! » Cela nous a redonné de l'énergie. Parfois, il suffit de se le dire pour qu'une dimension de joie émerge, pour retrouver la joie à faire les choses.

Dans les sutras, *tseundru*, effort enthousiaste, se définit comme « développer la joie à la vertu », la joie à aller vers le sens. Pour retrouver la joie, parfois il suffit de peu, parfois il faut de l'effort, parfois il faut de l'enthousiasme et parfois il faut des deux. Dans les périodes de découragement, quand les bras tombent un peu, nous devons retrouver cette « pêche », cette énergie de l'effort enthousiaste.

Espace, enracinement, temps, énergie... On voudrait bien tout ça, mais on est toujours occupé, préoccupé. C'est pour cela que la méditation est nécessaire. Le sens de la méditation, c'est précisément de sortir des occupations, des préoccupations pour se retrouver soi-même dans le regard lucide du lâcher-prise et de la détente qui va nous amener à l'absence de sens dont parlait aussi Roland Rech — ce moment où, tout à coup, ce n'est pas moi qui suis en train de méditer, mais où l'esprit se reconnaît lui-même, en lui-même, par lui-même. L'esprit a cette capacité.

Sara, maître indien, disait : « Cet esprit qui est tendu, si tu le détends, de lui-même il se libérera. » *Cet esprit qui est le tien, tu le détends, de lui-même il se libérera.* L'esprit a la capacité de se reconnaître, de se retrouver, de se libérer. Et il faut lui donner les moyens : le sens, les circonstances, la générosité, l'éthique, la patience, l'effort enthousiaste, la méditation.

Dans cette expérience, on est immergé dans le sens — le « non-sens », finalement —, ce n'est plus moi (même si c'est moi qui expérimente) mais au-delà de moi, il n'y a plus « un pour moi et un pour les autres » dans la générosité... Dans cette dimension de sagesse, on est dans la *générosité de l'environnement.*

On peut se permettre d'être.

La voie du yoga : transformation et évolution

SWÂMI DEVANATH SARASWATI

Chacun a essayé de donner un sens à sa vie depuis son adolescence. Nous avons tous tenté, avec un succès inégal, de trouver une direction, un objectif, un idéal ou un sens. Nous avons orienté à cette fin nos études, notre métier, nos recherches, nos affections. Aller vers quelque chose est inhérent au processus vivant. Avec l'âge, la maturité et les expériences de la vie, il est vraisemblable que « le sens » change et il est évident que notre quête ne ressemble pas à celle de nos dix-huit ans et que nous n'aurons certainement pas la même lorsque nous en aurons soixante-dix.

Néanmoins, que nous ayons réussi dans nos recherches ou bien échoué, selon l'ordre naturel des choses, nous avons très souvent rencontré la déception. Nous sommes finalement insatisfaits de ce que nous avons trouvé, de ce que nous avons acquis et aussi de tout ce qui nous a manqué. C'est pourquoi nous sommes tous à la recherche de quelque chose de plus profond, de plus complet, de plus signifiant. C'est cette insatisfaction qui nous rassemble ici, aujourd'hui, et qui fait que nous essayons d'une façon ou d'une autre de découvrir ou d'élargir nos horizons vers une démarche plus enrichissante. Nous cherchons quelque chose par manque ou par besoin de profondeur. À partir de ce constat, nous regardons autour de nous, nous essayons et parfois nous nous engageons dans un chemin spirituel ou intérieur. Il est sûr qu'actuellement les propositions ne manquent pas. Cela va des mystiques chrétiennes, orientales ou extrême-orientales en passant par la foi, la transcendance, le sacré ou le miracle. Cela passe éventuellement par le yoga...

Qu'est-ce que le yoga ?

En ce qui me concerne, « la quête d'un sens » prend la voie du yoga. Comme n'importe quelle démarche, elle a un but, elle tend à quelque chose, oriente une aspiration, et comme toutes les disciplines, elle suit un processus. Cependant, on peut d'ores et déjà observer que, à l'exemple de ce congrès, les buts ne sont pas si différents les uns des autres. Utilisons à cette fin l'image d'un homme assoiffé qui cherche de l'eau. Il semble évident qu'il y a de multiples façons de creuser un puits. Mais d'abord, il nous faut abandonner l'idée qu'il suffit de crier et de réclamer à boire pour avoir de l'eau. Si on passe de l'étape des réclamations à l'envie de faire quelque chose, le chemin peut emprunter bien des parcours mais l'objectif reste le même, trouver de l'eau.

Donc, le yoga ne va pas se distinguer par son objectif qui est celui de bien d'autres démarches. Pour les uns ce sera l'harmonie, pour les autres la paix, l'amour, la vérité, l'absolu, le Soi ou Dieu. Tous ces buts sont possibles selon les voies que l'on emprunte. Les noms changent, mais l'eau sera sans doute la même pour tous. Si le but est comparable, en revanche le ou les processus sont différents. L'approche yoguique est pour sa part bien spécifique et je vais essayer de la décrire de façon simple. L'objectif du yoga est l'épanouissement de l'être intérieur. Sa méthode ne sera pas la même que celle des chrétiens, des bouddhistes ou bien de ceux qui empruntent le chemin du zen ou une autre voie.

Pour comprendre ce que signifie une démarche yoguique, il nous faut parler de son processus, le but étant la réalisation du Soi. Le yoga est très logique, systématique et progressif. Ce n'est pas une mystique. Il n'implique ni croyance ni dogme. Il part du réel et se base sur l'expérience. Il commence par un simple constat, le même que celui de la science moderne : l'homme est fait d'un corps et d'un mental qui nécessitent de l'énergie pour fonctionner. Le mental se singularise par toutes ces capacités que sont l'intelligence, la logique, la mémoire, l'ego, et aussi la vaste sphère des émotions. Le yoga considère également qu'il y a en chaque homme quelque chose de plus grand que le mental connu, qui appartient à la Conscience supérieure ou à l'Esprit. La science contemporaine et le yoga partent du même principe de base : corps, mental, énergie. La science yoguique pousse la définition plus loin et dit que l'être humain est constitué de plusieurs corps, ce qu'elle appelle en sanskrit des *koshas*, des enveloppes ou fourreaux, et elle en distingue cinq.

Le premier est celui que l'on nomme le corps de nourriture, le corps physique et on l'appelle *annamayakosha*, je donne les noms en sanskrit à titre indicatif. Le second, moins tangible, s'appelle le corps d'énergie ou énergétique, c'est *pranamayakosha*. Le troisième corps plus fin est le corps mental, *manomayakosha*, le quatrième, encore plus subtil, est le corps psychique ou intuitif, *vijyanamayakosha*, et enfin le dernier, *anandamayakosha*, le corps de félicité, au-delà de toute définition. Voilà comment est conçu l'homme selon le yoga et ces enveloppes interagissent et s'interpénètrent les unes avec les autres. Il n'existe pas un corps séparé que l'on pourrait explorer tout seul. Tous font partie d'un ensemble. Vous et moi avons ces cinq corps selon la définition yoguique.

Le yoga part de cette définition de l'homme et se demande comment on va s'y prendre pour arriver à l'union yoguique, la réalisation de l'être complet. Très pragmatique, il propose d'atteindre le but en suivant un processus précis qui recouvre un travail systématique sur ces différents corps. Ainsi, chacun d'eux peut s'affiner, évoluer, se transformer afin de réaliser le but ultime que l'on s'est fixé. Cela signifie que l'on ne parle ni de Dieu, ni du Soi ou de l'Absolu. Cette réalité existe sans aucun doute, mais si nous voulons la vivre, l'expérimenter, il nous faut des outils, d'autres moyens de perception et de connaissance que ceux que nous avons actuellement. Notre « quête de sens » est légitime, mais elle doit s'engager dans une transformation objective, sinon elle ne sera qu'une hypothèse et ne servira à rien d'autre qu'à ajouter un nouveau rêve à tous ceux que nous avons déjà. Ainsi, si nous voulons réaliser « l'être », utilisons l'outil que nous sommes et essayons de l'améliorer, de le transformer pour qu'il devienne progressivement le sujet et l'expression de notre quête et non une chimère. Le yoga suit pour cette raison une méthode.

Du corps de nourriture au corps de félicité

Les idées que nous avons sur le yoga sont disparates. Certains l'assimilent à de la gymnastique douce, d'autres pensent au contraire que c'est très compliqué, voire acrobatique ou bien encore magique. Mais essayons de parler de la science yoguique, non de toutes les fantaisies qui circulent sur le sujet. Comme nous l'avons vu, le processus est fondamental. Par conséquent, la pratique du yoga va nous donner des outils destinés à affiner nos moyens de connaissance et de perception, du plus immédiat, le corps physique, jusqu'au plus complexe, le mental. C'est ce qui explique la diversité des exercices qui vont travailler sur chacun de nos corps.

Pour agir sur le premier corps, celui de chair et de nourriture, on a recours au *hatha* yoga qui utilise des postures appelées aussi *asanas*. Les pratiques physiques s'intéressent à l'aisance, à l'harmonie et à l'équilibre de notre première dimension et complètent ce travail par d'autres techniques, les *shat karmas*, qui nettoient tout le système interne. Le *hatha* yoga s'occupe du niveau physique et le rend à la fois plus résistant, souple et réceptif.

Pour travailler sur l'enveloppe suivante, le corps énergétique, il y a d'autres moyens. L'énergie est plus subtile que le corps mais toujours tangible. Elle est très facilement captée par la respiration. De nombreux exercices utilisent à cette fin le souffle, c'est ce qu'on appelle le *pranayama*. Dans ce cas, la respiration sert à renforcer la capacité vitale, notre capital énergétique. Il nous faut en effet une plus grande quantité d'énergie pour que notre recherche s'approfondisse et dépasse le niveau ordinaire.

Au corps mental, *manomayakosha*, s'appliquent toutes les pratiques de méditation. Elles peuvent être très méthodiques comme lorsqu'elles suivent la progression du *raja* yoga ou bien très diversifiées quand elles appartiennent aux *tantras*. Swâmi Satyananda est un grand spécialiste des techniques de méditation tantrique. Il en existe de très nombreuses, dont l'objectif est un meilleur contrôle des pensées et des émotions, non pour les réprimer mais pour en comprendre le fonctionnement. Contrôler signifie dans ce contexte apprendre à être le maître dans sa propre maison, c'est-à-dire à ne plus être l'esclave de son mental, mais à en avoir une connaissance et une compréhension supérieures. Les pratiques qui utilisent le mental sont plus exactement destinées à nous préparer progressivement à vivre l'état de méditation.

Le yoga travaille sur ces trois niveaux. Il emploie des exercices soit physiques, soit respiratoires, soit mentaux ou les associe entre eux, afin d'agir sur les trois premiers corps, ceux dont nous avons une expérience immédiate. Cela signifie qu'on utilise seulement ce que l'on connaît, ce que l'on sent ou ce que l'on perçoit, sans parler de transcendance.

En affinant ces corps, ces enveloppes qui sont en interrelation les unes avec les autres, on augmente considérablement la capacité énergétique, l'endurance, la conscience et la sensibilité intérieure. Ce qui nous permet de pénétrer dans le quatrième corps, *vijyanamayakosha* ou corps psychique, intuitif. Plus subtil que les trois premiers, on y trouve le réseau des *nadis*, des *chakras* et des *granthis*. C'est un niveau plus raffiné que celui du mental mais qui appartient encore au tangible dans la mesure où on peut l'atteindre par l'association et la combinaison de pratiques qui agissent sur les trois premiers corps. Là s'arrête le travail du yoga.

Il est impossible d'influer de façon directe sur le cinquième corps, *anandamayakosha* ou corps de félicité. Il n'appartient pas à ce que nous pouvons toucher et manipuler, il dépasse la sphère de notre volonté et échappe à l'emprise d'une technique. Il représente l'aboutissement du processus de purification intérieure mais n'en est ni la conséquence ni le résultat, parce qu'il n'est pas du ressort de la volonté humaine.

On va ainsi travailler sur trois corps, puis sur quatre en associant les trois premiers. Le cinquième est en fait le but de notre quête, l'union yoguique. Selon ce principe, on part du plus grossier, le corps physique, on passe par l'intermédiaire du souffle, puis on arrive aux pratiques mentales, des plus simples, celles du *mantra* yoga par exemple, aux plus complexes, celles appartenant au *kundalini* yoga. On commence toujours avec un support objectif puis, en s'y appuyant, on affine les instruments, la perception, la conscience, la discrimination, etc.

Des voies d'éveil

On pourrait être tenté de croire qu'il suffit de faire des exercices pour arriver au but. Mais cela ne marche pas tout à fait comme ça. C'est seulement une façon d'expliquer pour comprendre comment fonctionne le yoga et à quoi il sert. On a souvent une idée très parcellaire et confuse du yoga parce que les pratiques sont très diversifiées. Est-il possible de transformer simplement l'instrument, c'est-à-dire le corps, l'énergie, le mental pour atteindre l'objectif du yoga ? Oui, mais il n'est pas sûr du tout que cela se fasse en restant simplement assis.

Parallèlement à ce processus de transformation de l'instrument, il y en a un autre, celui de l'évolution de la conscience, pour que l'expérience vécue, la matière objective, devienne l'expression de ce qui a évolué et de ce qui s'est transformé en nous.

C'est pour cette raison qu'il existe différentes voies de réalisation dans le yoga. Vous avez sans doute entendu parler du *karma* yoga, du *bhakti* yoga, du *raja* yoga et du *jnana* yoga. Il y a, d'une part, des techniques de transformation. Et pour qu'elles agissent, se concrétisent et se traduisent dans le vécu, il existe d'autre part des voies d'expression. Prenons par exemple la voie du *karma* yoga, c'est-à-dire celle de l'action. Elle exige que l'acte ne dépende ni du résultat ni de son auteur, et qu'il tende vers la perfection. Dans ce cas, on essaie d'incarner un processus qui transforme non seulement l'action mais aussi l'attitude intérieure.

Lorsqu'il est question de nos relations avec les autres et le monde, c'est la voie du *bhakti* yoga, celle de l'amour, de la dévotion ou de la compassion. La communication qui engage le sentiment, le cœur, se met au service de l'autre, sans le posséder, l'enfermer ou l'exploiter. On retrouve d'ailleurs ces deux voies, celles de l'action et de la dévotion, chez les catholiques et les bouddhistes. Ceci pour dire qu'un travail dans l'isolement n'est pas suffisant, il doit aussi y avoir un échange, pour que l'évolution puisse s'actualiser dans la réalité.

Le *raja* yoga est à la fois un outil qui s'applique au mental, une méthode de méditation comme nous l'avons vu précédemment, mais c'est aussi une voie qui renforce la volonté, l'endurance et la détermination pour continuer son chemin. La quatrième voie est celle de la connaissance et s'appelle le *jnana* yoga. Elle utilise la discrimination et le non-attachement afin de séparer le vrai du faux. Elle analyse, comprend et soutient toutes les autres voies, l'action, la dévotion, la méditation, afin de les préserver de l'illusion.

Pour résumer simplement, nous avons un projet, une quête. Pour se concrétiser, elle exige d'une part de bons instruments, c'est-à-dire des corps équilibrés selon la définition du yoga, et d'autre part une conscience susceptible de révolutionner ou de modifier notre attitude, afin que notre expression soit conforme à notre réalité intérieure. Le yoga est une voie essentiellement pratique, elle n'est pas du tout spéculative même si elle utilise l'intellect et la discrimination. Elle invite chacun de nous à réaliser ce qu'il cherche, et non simplement à en parler ou à lire sur le sujet.

En d'autres termes, si nous voulons connaître la saveur de l'eau pure, découvrir l'origine de notre être, il est nécessaire d'en faire l'expérience. Pour cela, nous devons nous transformer, accepter un processus. Puis, lorsque nous aurons goûté à la vie intérieure, nous aurons une plus grande soif et davantage de courage pour continuer. Pour le yoga, amener notre quête jusqu'à son terme signifie vivre dans sa véritable nature et non au niveau de ses conditionnements. Évidemment, ce but est très élevé mais il est à la mesure de ce que nous recherchons. C'est pourquoi le yoga est une voie de réalisation spirituelle.

Lorsque la pratique, l'action, la conscience, la discrimination, le non-attachement et l'attitude commencent à fonctionner, cela signifie que l'on est engagé dans un processus de transformation et d'évolution intérieure. C'est le moyen que j'ai choisi pour conduire ma propre recherche sur le sens de la vie.

Questions-réponses

Quels conseils donneriez-vous à des professeurs de yoga par rapport au poids que les sectes font peser sur cette pratique ?

C'est vrai que le yoga est une discipline très diversifiée. Elle couvre les pratiques que tout le monde connaît mais touche aussi des domaines beaucoup plus complexes tels que les corps subtils ou *chakras*, les différentes voies de réalisation, les maîtres spirituels, etc. On mélange tout et plus personne n'y comprend rien. Il est difficile d'avoir une vue d'ensemble du cheminement et des objectifs yoguiques et finalement, le yoga est à la fois très connu et pourtant ignoré, souvent mal compris, voire discrédité.

Pour donner une réponse simple, je crois que le mieux c'est d'être soi-même tout à fait clair. Si on est professeur de yoga, on a un bagage issu d'une tradition qui se transmet avec rigueur et passe par une formation. Un professeur de yoga exerce un métier et, en même temps, ce n'est pas seulement un gagne-pain, mais aussi une aspiration, une philosophie et une déontologie. Une pratique se fait dans un certain cadre et avec certains outils. Il vaut mieux s'en tenir à une source ou à un puits et l'approfondir.

Un professeur enseigne une discipline, il

connaît le travail du corps, la respiration, la relaxation. Il peut introduire certaines pratiques assises d'intériorisation mais tous les enseignants n'ont pas été formés aux pratiques de méditation. Si vous savez ce que vous avez à faire et où vous voulez aller, les gens vous font confiance. Il est nécessaire de pouvoir s'exprimer clairement, de bien connaître ce que l'on enseigne et de savoir à quoi ça sert. Maintenant, il est vrai que certaines personnes utilisent le mot yoga ou certaines techniques yoguiques à des fins sectaires ou malhonnêtes. Je pense que c'est à chacun de contribuer à plus de clarté et d'information.

Le goût de l'Orient chez les chrétiens occidentaux

JEAN-PAUL GUETNY

Il y a deux types de musiciens : ceux qui jouent avec la partition devant eux et ceux qui n'ont pas besoin de partition parce qu'ils connaissent par cœur le morceau. Moi, j'ai besoin de partition pour ne pas m'égarer, faire de fausses notes. Mais, nous en sommes d'accord, l'important, c'est la musique. Vous connaissez tous cette phrase de Shakespeare, que je trouve inspirante : « L'homme qui n'a pas de musique en lui-même est prêt à toutes les trahisons, méfie-toi de cet homme. »

Avant moi, des intervenants ont parlé à la première personne de leur expérience spirituelle. Mon point de vue sera un peu différent. Non pas que je m'estime sans expérience spirituelle. S'il en était ainsi, je ne serais pas un homme. Mais je m'exprime d'abord comme journaliste, c'est-à-dire comme observateur. Et ce que je dis se fonde moins sur des convictions personnelles que sur une analyse de situation. Mon analyse, bien sûr, a un côté subjectif. J'espère seulement qu'elle vous donnera des clés pour comprendre la quête spirituelle de notre société.

Avant d'entrer dans le vif du sujet, permettez-moi de faire une deuxième citation, que je trouve très inspirante, elle aussi. Elle est extraite du Coran, sourate 5, verset 48 : « Si Dieu avait voulu, il aurait fait de vous une communauté unique mais il entend vous éprouver dans les dons qu'il vous fait. Rivalisez donc de bonnes œuvres, c'est vers Dieu que vous vous en retournerez tous. Il vous éclairera alors sur ce qui était l'objet de vos désaccords. »

Nous sommes donc divisés en une pluralité de religions. Pourquoi ? Nous le saurons, mais plus tard. Alors, patience ! Ce que j'observe pour l'instant, c'est que nous ne sommes pas tous englués dans nos divisions. Il y a des échanges entre croyants et des fascinations réciproques. Les médias ont tendance, par exemple, à souligner le grand intérêt de l'Occident pour les religions nées en Extrême-Orient, pour le bouddhisme en particulier. Mais il faut noter aussi que l'aimantation est réciproque : si l'Orient attire l'Occident, l'Occident ne laisse pas l'Orient indifférent, bien au contraire. L'Asie s'intéresse aux progrès scientifiques et technologiques et souvent les modes de vie occidentaux la fascinent.

Cette première précision — capitale — apportée, il faut lui en adjoindre une seconde : ne cédons pas à la tentation d'identifier Orient et bouddhisme, Occident et christianisme. Chaque orbe connaît en effet toute une gamme de religions : on pense spontanément au bouddhisme quand il est question de l'Extrême-Orient. Mais l'islam est principalement, aujourd'hui, une religion asiatique, dont les gros bataillons se trouvent en Indonésie, au Bangladesh, au Pakistan, en Inde. Quant aux « religions abrahamiques » (judaïsme, christianisme, islam), elles sont d'origine non pas occidentale, mais proche-orientale. Il ne faut pas oublier non plus, quand on évoque le christianisme, qu'il existe un christianisme oriental, principalement orthodoxe.

Mais concentrons-nous sur l'attrait de l'Occident pour l'Orient, le bouddhisme en particulier. J'observe qu'il est très ancien. Il faudrait, pour s'en persuader, relire de nombreux auteurs chrétiens à partir du Moyen Âge, à commencer par le bon Marco Polo (1254-1324 environ) : au cours d'un voyage à Ceylan (Sri Lanka), il avait entendu parler d'un certain Bouddha et il l'évoquait avec infiniment de respect, comme quelqu'un de proche du christianisme. Le franciscain Guillaume de Rubrouck, dépêché par Saint Louis près de la cour mongole, fut lui aussi frappé par les ressemblances entre les deux religions[1]. Plus tard, vers 1740, le pape Clément XII, écrivant au Dalaï-Lama, reconnaît que le bouddhisme « se rapproche beaucoup » de l'Évangile. Pendant très longtemps, des auteurs chrétiens pensèrent que les bouddhistes avaient, plus ou moins, pillé le Nouveau Testament, élaborant une version édulcorée du christianisme à destination de l'Extrême-Orient.

Le retour de balancier s'est produit au XIXe siècle. Les scientifiques ont pris alors conscience de l'antériorité du Bouddha par rapport à Jésus et il s'en est trouvé pour penser qu'au fond le christianisme avait plus ou moins copié le bouddhisme. Plus proche de nous, au cours de ce siècle, de nombreux moines et spirituels chrétiens se sont intéressés à l'Orient, à l'hindouisme d'abord, puis au bouddhisme. Leurs noms sont bien connus : Thomas Merton, Bede Griffiths, Jules Monchanin, Henri Le Saux, Enomiya Lassalle, etc. Des théologiens ont fait une démarche analogue. Je ne résiste pas au plaisir de citer l'un d'entre eux, l'Italo-Allemand Romano Guardini : « Il y a un personnage qui pourrait donner l'idée de le rapprocher de Jésus, c'est Bouddha. Cet homme constitue un grand mystère. Il vit dans une liberté effrayante, presque surhumaine, cependant qu'il est d'une bonté puissante comme une force cosmi-

1. *Actualité des Religions*, « Mystères et spiritualité », hors-série, n° 1, 1999.

que. Peut-être Bouddha est-il le dernier génie religieux avec lequel le christianisme aura à s'expliquer. Personne n'a encore dégagé sa signification chrétienne. Peut-être le Christ n'a-t-il pas seulement un précurseur dans l'Ancien Testament, Jean, le dernier des prophètes, mais un autre au cœur de la civilisation antique, Socrate ; et un troisième qui a dit le dernier mot de la philosophie et de l'ascétisme religieux orientaux, Bouddha[1]. »

Tous ces témoignages sont, certes, considérables. Mais il me semble que nous sommes aujourd'hui à l'acmé de cet attrait de l'Occident pour l'Orient. Pour l'analyser, je reprendrai — librement — un certain nombre de remarques du sociologue Edgar Morin, au cours d'une conférence donnée sur ce thème dans le cadre de l'Université bouddhique européenne. Ce qui caractérise l'Occident, constate Morin, c'est d'abord une tendance instinctive à séparer les réalités : l'âme et le corps, l'homme et le monde, l'intelligence et la sensibilité, la science et la spiritualité, la sphère personnelle et l'espace politique. Ces séparations sont parfois utiles, mais elles peuvent aboutir à des divorces regrettables. Le monde occidental a de plus en plus conscience du caractère nocif des oppositions que j'ai indiquées. Il pense qu'on a trop coupé les choses. Il réclame une « approche holistique ». Pour la mettre en œuvre, il se tourne

1. « Le Seigneur », 1937.

tout naturellement vers l'Orient, réputé unir ce que l'Occident sépare.

Deuxième caractéristique de l'Occident : il connaît une espèce de frénésie de l'action, privilégie le faire au détriment de l'être, de la « présence », selon le terme employé par Christiane Singer. Face à l'Occident menacé d'activisme, l'Orient apparaît comme le continent méditatif. Or, on ressent le besoin de réconcilier les deux dimensions.

Troisième caractéristique : ce qu'Edgar Morin appelle l'« arraisonnement ». On pourrait traduire : la mainmise sur le réel. Nous connaissons tous la phrase biblique, sous forme d'injonction de Dieu à l'homme : « Remplissez la terre et soumettez-la » (Genèse 1, 28). Ce commandement a, si j'ose dire, été tellement pris au sérieux par l'homme qu'il s'est approprié l'univers, la nature, au point de l'instrumentaliser et d'aboutir à ce que nous constatons : la détérioration de notre environnement. Nous, Occidentaux, avons de plus en plus conscience de cette dérive. Et nous aspirons à un peu moins d'arraisonnement et à un peu plus de respect vis-à-vis de la nature.

À cette analyse générale, Edgar Morin ajoute une ultime touche, qui peut paraître cruelle. Il parle en effet rien moins que de la « déchéance » de l'homme occidental. Celle-ci revêt quatre figures. D'abord, cet homme occidental éprouve le sentiment douloureux de ce que lui, jadis si sûr de sa connaissance, ne se sent plus propriétaire de la vérité du monde. Comme si ses philosophies, ses religions et même ses sciences n'étaient plus adaptées à l'époque présente.

L'Occident, c'est le bien-être, dit-on souvent. C'est vrai, au moins en partie. Il s'agit d'un coin de terre privilégié. Mais, observe Morin, « il y a du mal-être au sein du bien-être », comme si ce dernier était gangréné de l'intérieur. Cette deuxième sensation douloureuse repose sur la conscience d'un manque, d'une perte de racines.

Ce n'est pas tout. Il existe un troisième élément. Nous vivons à une époque d'individualisation : chacun se fait son chemin et cela a des côtés positifs. Mais il y a un prix à payer, car l'individualisation s'accompagne, selon l'expression juste de Paul Valéry, de « la multiplication des seuls ».

Ajoutons un dernier aspect. On pourrait l'exprimer ainsi : fin de la foi scientiste. C'est à dessein que j'emploie l'expression. Car, au long du XIXe siècle et d'une bonne partie du siècle qui s'achève, la science a vraiment fait l'objet d'une foi : elle allait répondre à toutes les questions, même les plus métaphysiques, et transformer le monde. Si, de fait, elle a permis de formidables avancées au service de l'homme, dans le domaine médical en particulier, elle a également généré ses propres démons : bombe atomique, manipulations génétiques, etc. L'*homo sapiens* s'est révélé un *homo demens*, la folie est au cœur de sa rationalité.

Face à cet Occident en procès, quels sont les atouts de l'Orient ? À une pensée de séparation et d'exclusion, il oppose la complémentarité des contraires. Plutôt que de dominer la nature, il préfère vivre en symbiose avec elle. Au culte de l'individu, il substitue le décentrement par rapport à l'ego. Face au réductionnisme de type positiviste, il nourrit le sentiment que la réalité est plus vaste, plus complexe qu'on ne veut bien l'affirmer.

Si l'on quitte le cadre général de « l'Orient » pour aborder la question du bouddhisme, il est investi d'un certains nombre d'attraits, dont un Jean-Claude Carrière parle avec pertinence[1] : en insistant sur l'impermanence, dit-il, le bouddhisme va à l'encontre de la tentation intégriste qu'on observe à peu près partout. En effet, l'intégrisme, c'est le culte de la permanence, du passé, de l'ordre établi. Tandis qu'affirmer l'impermanence, c'est mettre de la fluidité dans les choses, les rapports humains ; c'est prendre le parti du changement.

Une autre notion est capitale dans le bouddhisme : celle d'interdépendance, d'inséparabilité. Elle s'applique à tous les secteurs de la réalité : interdépendance des espèces entre elles, des hommes entre eux, des hommes et du cosmos. Une

1. Les conférences de Jean-Claude Carrière et de Edgar Morin auxquelles je me réfère ont été prononcées dans le cadre de l'Université bouddhiste européenne, le 27 mars 1997.

telle loi préserve des excès de la séparation et de l'arraisonnement. Elle donne une chance à la vie d'être plus solidaire.

Un troisième élément accrédite, en quelque sorte, le bouddhisme : c'est son enseignement sur la non-violence. Certes, il n'en a pas le monopole. Les premières communautés chrétiennes, en particulier, étaient très nettes sur ce point. Mais, par la suite, le christianisme a perdu de sa non-violence originelle. L'Église s'est trouvée liée à l'Empire. Et, quand on est lié à un pouvoir, on est toujours lié, plus ou moins, à la violence de ce pouvoir.

Voilà donc quelques raisons qui expliquent l'attrait de l'Occident pour l'Orient. Mais les manifestations de cet attrait sont diverses. Je retiendrai, pour les expliciter brièvement, deux cas de figure et deux cas seulement. Pour un certain nombre d'Occidentaux, le bouddhisme fait figure d'alternative au christianisme. Pour eux, le premier est paré de toutes les qualités que n'a pas le second. Ce qui les attire d'abord, semble-t-il, c'est l'orientation thérapeutique du message du Bouddha : il prend en compte cette situation de souffrance qui caractérise l'homme et il essaie de donner à chacun des moyens de la vaincre.

En deuxième lieu et contrairement au christianisme, le bouddhisme n'apparaît pas comme une religion dogmatique. Il ne propose pas à ses adeptes un corpus de croyances : il les invite à faire une expérience qui les mettra à même de juger.

En troisième lieu, le bouddhisme n'a pas une morale de type injonctif, stipulant : vous devez faire ceci ou éviter de faire cela. Il renvoie l'homme à sa conscience, à ses choix personnels. Or, précisément, la morale catholique est réputée avoir un caractère injonctif, baliser toutes les situations de la vie, en particulier de la vie sexuelle.

Parfois, dans certains cercles, le Dalaï-Lama est un peu présenté comme le « pape jaune », l'antithèse du « pape blanc ». Personnalité simple d'abord, accessible, ayant le sens de l'humour, il ne donnerait pas aux gens de préceptes définitifs mais essaierait de les faire évoluer vers une conscience spirituelle approfondie. Cette approche, on la trouve principalement chez des personnes nées dans le christianisme, mais qui ont reçu une éducation religieuse assez superficielle. Elles appartiennent souvent à un milieu de cadres moyens. Il y a toutefois des exceptions. Ainsi ai-je publié le témoignage de Jacques et Jacqueline, tous deux ex-militants de l'Action catholique ouvrière, très proches des milieux populaires, défavorisés, et qui, s'étant heurtés à la hiérarchie catholique, ont adhéré au bouddhisme parce qu'ils y trouvaient plus de liberté.

Mais, si le bouddhisme attire des transfuges du christianisme, il intéresse aussi des chrétiens qui n'ont pas l'intention de changer de religion. Ce ne sont pas des tièdes ; ils vont à la messe ou au culte régulièrement, lisent la Bible ; ils manifestent une grande adhésion aux vérités proclamées par leurs Églises et, souvent, une confiance assez large envers leurs hiérarchies. De ces catholiques, de ces protestants, le lectorat du *Monde des religions* est riche. Pratiquants » au sens courant de la sociologie religieuse, ils le sont aussi selon les critères des religions orientales. Parmi mes abonnés, près de 40 % disent pratiquer le yoga ; 13 % ont suivi des cours d'initiation à la méditation zen ; 10 % environ, des programmes de formation à l'enseignement du Bouddha.

Dans cette enquête, non publiée, à laquelle je fais référence, un autre élément me paraît digne de retenir l'attention : un quart des lecteurs du *Monde des religions* dit avoir accompli un travail personnel sur soi. Ce qui confirme, à mon sens, la remarque du sociologue Louis Hourmant : « J'observe que l'attrait pour le bouddhisme aujourd'hui ne vient pas tellement, ou en tout cas en priorité, de ceux qui sont intéressés par la recherche spirituelle. C'est d'abord une recherche de type thérapeutique, une recherche de mieux vivre, d'équilibre, de santé psychique, qui les met en route et qui fait qu'ils vont regarder du côté du bouddhisme. »

Du christianisme au bouddhisme : de l'activisme à l'intériorité

Comment expliquer l'attrait pour le bouddhisme, et pour l'Orient en général, chez des chrétiens convaincus par ailleurs ? Je voudrais avancer une explication, qui n'est sans doute pas la seule : il me semble qu'à l'époque moderne, le monde chrétien a un peu abandonné la question de la spiritualité aux plus traditionalistes de ses membres. Non pas qu'on la méprisait. Mais on n'en parlait pas, ou pas assez. On ne la cultivait pas. On a incité les chrétiens à l'action sociale, ce qui est certes une exigence de la foi. Mais, après une période marquée par un certain activisme, il était normal qu'on se préoccupe davantage d'intériorité. Je me souviens avoir animé un cycle de débats sur christianisme et bouddhisme. Des auditeurs se levaient après les exposés. Ils prenaient la parole. « Ce que nous recherchons chez nous, disaient-ils, souvent en vain, ce sont des maîtres spirituels. » Le bouddhisme les intéressait, en raison du rôle primordial du maître.

L'intérêt pour des religions autres que la sienne apparaît à beaucoup comme l'un des avatars du syncrétisme, lui-même considéré comme un des vices religieux modernes. Personnellement, je n'analyse pas les choses ainsi. Je pense que toute religion a ses forces et ses faiblesses, des points sur lesquels elle insiste avec beaucoup de pertinence et d'autres, qu'elle laisse plus ou moins dans l'ombre. Je crois à une certaine complémentarité de l'expérience spirituelle, une notion que, selon moi, on va voir se développer au cours des prochaines décennies. À l'ère des fidélités uniques succédera peut-être, et dans une certaine mesure, celle des fidélités plurielles. Regardons notre pays. Il y a quelques décennies, on chantait dans les églises : « Catholiques et Français toujours. » Déjà, à l'époque, les deux qualificatifs ne s'identifiaient pas. Aujourd'hui, dans une France qui compte, dit-on, environ quatre millions de musulmans, la situation s'est encore complexifiée. Je pense qu'on va vers un monde de métissage et d'influences réciproques entre les traditions spirituelles. Quand je discute avec des amis bouddhistes, je constate combien un certain sens chrétien de l'engagement leur parle. Mais j'observe aussi, à l'inverse, que le langage bouddhiste sur le « lâcher-prise » et la nécessité de pratiquer la méditation semble très bien convenir à un certain nombre de chrétiens.

J'ai commencé cet exposé par deux citations. Je voudrais en proposer deux autres pour terminer. La première est d'un maître hindou contemporain, Swâmi Nityabodhânanda : « On ne peut être fidèle, disait-il, à sa propre spiritualité si on ne recherche pas la totalité de la nourriture spirituelle que Dieu a donnée à travers les différentes religions. » La seconde vient d'un maître bouddhiste japonais qui vécut il y a environ un siècle, Shaku Sôyen : « Unissons-nous, nous les vrais disciples de Bouddha, les vrais disciples de Jésus, et les vrais disciples de la vérité, dans le but de venir en aide aux démunis et de mener une vie glorieuse de fraternité sous le contrôle de la vérité. »

Le sens chez l'homme intérieur

CHEIKH KHALED BENTOUNÈS

Un jour, quelqu'un a posé cette question à mon grand-père : « Mais qui êtes-vous, Cheikh ? » Il répondit : « Je suis un, de la fraternité. »

Je crois sincèrement, et je ne vous l'apprends pas, que toute personne qui cherche la vérité souhaite à travers cette quête donner un sens à sa vie. Une existence qu'il n'a d'ailleurs nullement désirée ou programmée puisque aucun d'entre nous n'a décidé de lui-même de naître dans ce monde. Cette décision a été prise pour lui, par son père et sa mère qui un jour ont choisi d'avoir des enfants et parfois malgré eux. Entre une femme et un homme, la nature, par malice, suscite des désirs qui entraînent la venue au monde d'un enfant, ne sachant ni pourquoi ni comment. À nous, aujourd'hui, se posent donc les questions qui se sont posées à toutes les générations et civilisations qui nous ont précédés sur cette terre. En effet, de tout temps l'homme s'est interrogé sur le sens de la vie : Qui suis-je ? Pourquoi est-ce que j'existe ? Où vais-je ? Et après la mort ?...

Dans la tradition soufie, nous considérons qu'il y a pour l'homme qui s'interroge deux manière d'aborder cette problématique : soit nous attendons que les réponses viennent d'autrui et il peut s'agir de maîtres, d'églises, de philosophies, ou bien des livres révélés, etc., soit nous cherchons en nous-mêmes profondément, en allant pas à pas vers cette quête de l'homme que nous portons en nous.

Si nous n'avons pas choisi de vivre, la vie est donc un don qui nous est fait, et qui vient de très loin car si nous en renvoyons la responsabilité à nos parents, eux-mêmes la renverront à leurs propres parents... Nous voyons bien que nul n'est responsable, il y a donc une volonté autre qui a voulu que la vie soit, pour nous ainsi que pour toutes les créatures.

Pour les soufis, cette vie provient d'un nom divin : le vivant. Dieu a voulu s'incarner, se voir, c'est la manifestation du « trésor caché », comme le dit Christiane Singer. Il a créé le monde afin qu'un de Ses noms, un de Ses attributs, se réalise. Cet attribut est le vivant, et nous manifestons cette volonté. Nous ne sommes au fond que le réceptacle, le miroir de cet attribut divin — et, du reste, que nous le voulions ou pas, et cela dans toutes les situations, sage ou ignorant, assassin ou gendarme, justicier et juge, balayeur ou président. Chacun de nous va vivre ce destin voulu par une volonté qui lui est supérieure. C'est pour cette raison que les soufis considèrent que ce qu'il y a de plus sacré dans l'existence c'est justement la vie elle-même. Nous devons faire très attention à la préserver, dans ce qu'elle a de plus sacré, de plus beau et surtout de plus divin. C'est donc à chacun de réfléchir à ce qu'il a d'essentiel en lui-même. Qu'est-ce que la vie pour nous ? Est-ce manger, boire, procréer, jouir des bienfaits matériels, ou a-t-elle une autre dimension qui se manifeste dans l'amour qu'on a pour autrui, pour ses enfants, dans cette fraternité universelle que nous partageons tous à travers notre identité adamique ? Cette origine commune qui dépasse les races, les philosophies, fait de nous non pas des individus limités à une sphère, à un environnement culturel philosophique ou religieux (qui va d'ailleurs être souvent pour nous une limitation), mais au contraire un être universel. Un être à qui les autres renvoient, comme lui-même, le témoignage de l'unité. Nous sommes un de la fraternité, cette unité qui a voulu que chacun de nous ne ressemble pas à l'autre dans sa façon d'être, de voir, dans sa façon de comprendre et d'agir. Il est toujours *un*. Dans cette multiplicité dans laquelle nous vivons, nous incarnons toujours l'unité, et cette diversité est une volonté divine, une richesse considérable que les hommes doivent préserver et méditer. C'est en méditant la création qu'on se rapproche du Créateur. Mais, malheureusement ou heureusement, je ne sais pas, l'éducation que l'on reçoit ne fait pas de nous des êtres libérés mais au contraire des êtres conditionnés pensant que eux seuls détiennent le vrai et que l'autre est dans l'erreur. Ma civilisation, ma religion, ma démarche est toujours supérieure à l'autre, et l'on se prive par cette attitude de connaître et de jouir de l'extraordinaire richesse contenue dans la multiplicité.

La tradition soufie situe l'homme dans sa globalité et dans une démarche évolutive vers l'unité incarnée par l'homme universel. Dans le *tasawuf*, nous situons symboliquement chaque chose dans un cercle. L'homme est donc à l'image de la sphère, comme les planètes dans l'univers. Ce cercle est fait de deux parties : une apparente, corporelle, et l'autre spirituelle ou métaphysique, et l'harmonie de l'être se trouve dans l'équilibre des deux.

La partie corporelle est faite de plusieurs acquisitions qui nous viennent de nos origines lointaines ; minérale, végétale et animale. Nous faisons partie de cette chaîne de la Création. Nous avons en nous-mêmes transité par ces mondes qui ont, pour revenir à la question du sens, un rôle très important dans notre état et notre comportement (voir schéma page 100). En effet, chez certains, cet état minéral va se manifester par une dureté extrême tandis que l'état végétal fera d'eux des individus surtout soumis au désir et au besoin. La croissance d'une plante est déterminée par la quête de l'eau nourricière et de la lumière. Un végétal peut donc pousser tout à fait de travers, conditionné par les besoins qui l'animent. Ainsi, l'homme sera conditionné lui aussi par ses désirs, par ses sens, le toucher, la parole, l'estomac, le sexe, etc. Il obéira à ces lois naturelles qui lui viennent de ses origines lointaines. Quant à l'état animal, je pense que vous le voyez se manifester si souvent qu'il n'est pas nécessaire de le décrire : l'agressivité constante, la reproduction, la force brutale, la puissance aveugle, la timidité, etc., ces caractéristiques sont issues de l'origine animale qui se trouve en nous et conditionne, de fait, notre comportement. Si nous avons bien compris cette partie de l'homme, alors nous allons essayer de l'équilibrer par la partie spirituelle qui vient atténuer l'influence de ces états inférieurs, c'est elle qui va éduquer l'homme et donner un sens véritable à sa trajectoire humaine. À ce stade, l'enseignement soufi décrit plusieurs étapes contenues dans cette partie spirituelle. La première est celle du mental ou de la raison. C'est elle qui engendre le questionnement en nous, provoque le discernement, fait que nous choisissons et agissons, que l'on nomme les choses... tout cela est de l'ordre de la raison. N'est-ce pas ce mental qui au fond nous a poussés à venir aujourd'hui ici, pour chercher, entendre, échanger des idées afin de nous aider à éclaircir cette quête du sens ?

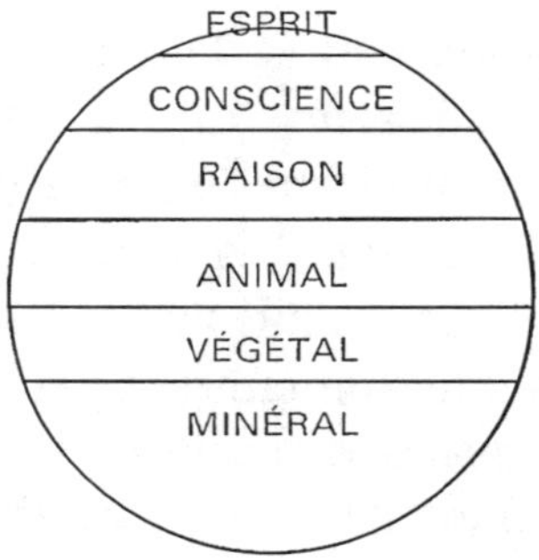

Cependant, le mental lui-même ne suffit pas, même si nous devons nous réjouir de son existence ; n'est-ce pas lui qui permet de distinguer l'homme de l'animal (et qu'est-ce qu'un homme sans la raison ?) ? En vérité, la raison ne suffit pas en elle-même, elle nécessite d'être accompagnée par une conscience. Ce qui correspond à la deuxième étape. Cette conscience a besoin elle-même d'une direction pour naître et croître, elle a besoin d'une guidance et de repères. Là intervient l'enseignement spirituel qui a accompagné l'humanité depuis son origine jusqu'à aujourd'hui. Par l'entremise de l'intervention divine, à travers les prophètes, les sages et les envoyés, s'est transmis un enseignement d'éveil qui nourrit et fait croître notre conscience individuelle jusqu'à ce qu'elle atteigne la conscience universelle, océan divin, domaine du pur esprit contenant le tout. C'est lorsqu'il est arrivé à cette ultime étape que l'homme réalise sa totalité et l'équilibre de sa personnalité.

C'est sûrement très simple et très facile à représenter sur un schéma, mais comment le réaliser dans notre vie ? Toute la difficulté sera de s'affranchir de sa partie minérale, végétale, et animale, de la vaincre en quelque sorte. Mais cette partie lourde a son rôle à jouer, elle n'est pas néfaste, il ne s'agit donc pas de chercher à la détruire car nous en perdrions l'équilibre. *A contrario*, rester prisonnier de cette partie inférieure aboutirait à négliger le plus noble de nous-mêmes et abolirait le sens véritable de la vie. La partie matérielle est un réceptacle qui est là pour être fécondé, revivifié par la partie supérieure, métaphysique, de l'homme.

Par cette manière de concevoir l'homme, le *tasawuf* nous apprend que ce cheminement se fait d'étape en étape jusqu'à la conscience suprême. Mais en tout premier lieu il nous met en garde : ne peuvent aller dans ce chemin que les gens humbles. Tout orgueil, toute prétention doivent être délaissés. L'homme doit réaliser en lui cet état d'humilité. Comprendre ce qu'est la fraternité, être sincère dans son comportement, dans sa pensée, dans ses actes et dans sa parole, est nécessaire à tout cheminant qui veut aller à la découverte de lui-même. Sans ces trois états : humilité, fraternité et sincérité, on ne peut entreprendre cette quête intérieure et parvenir à ce que les soufis appellent la réalisation. Trois nouveaux cercles correspondent à différents états d'être :

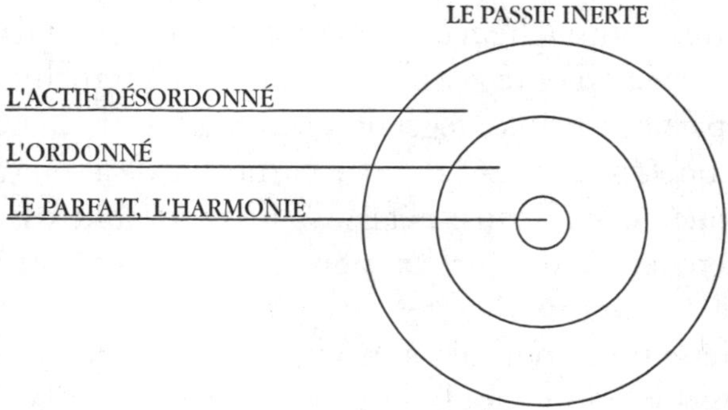

D'abord il y a ceux qui se trouvent à la périphérie et qui sont marqués par la passivité. S'il arrive qu'un homme tombe dans la rue devant eux, ils restent inertes, et font semblant de ne rien voir. Les personnes de cette catégorie disent toujours : « Je ne suis pas concerné ! Je ne peux pas changer les choses ! » C'est l'expression d'un aveu constant d'impuissance. Ce sont des êtres qui n'agissent pas par leur propre volonté, mais qui sont soumis à celle des autres. Ils sont à l'état minéral, comme la pierre qui ne se meut pas par elle-même, et nécessite qu'on s'en saisisse pour la déplacer d'un endroit à un autre. Il y a par contre ceux qui prennent conscience que cela ne va pas de soi, je ne vais pas ou bien ma société ne va pas, et ils agissent, « je vais essayer de faire quelque chose ». Mais ce « quelque chose », chacun le pense à sa façon, de manière individualiste, ce qui entraîne un désordre effroyable. Nous voulons agir et bien faire, mais nous le faisons d'une manière tellement égoïste que cela entraîne plus de problèmes que de bien. Nous sommes, dans cet état, encore dominés par l'influence du monde végétal en nous. D'autres, plus avancés que cette deuxième catégorie, vont au contraire militer dans des partis ou des mouvements divers. C'est ce groupe d'hommes qui, souvent, gouvernent et dirigent les partis politiques ou religieux. Ils s'imposent au peuple en prétendant détenir une certaine vérité.

Si les premiers n'ont pas agi, les deuxièmes se meuvent dans le désordre, et les troisièmes dans un ordre limité à leur propre compréhension, il existe une autre catégorie, minoritaire. Celle-ci n'agit que dans l'unité, mue par un amour divin porté à la Création tout entière. Comment font-ils ? Comment vivent-ils ?

On peut là aussi subdiviser le caractère humain en trois catégories : en premier lieu les hommes qui ne comptent que sur eux-mêmes, puis en second les croyants, au sens le plus étendu du terme (que leur croyance porte sur une religion, le matérialisme et même l'athéisme). Ceux-là agissent soutenus en partie par eux-mêmes et en partie par ce qui fait l'objet de leur foi, et puis enfin les troisièmes qui sont les sages et les saints qui ne comptent, en toutes circonstances, que sur Dieu. Dans toutes leurs actions, ils ne s'appuient que sur Lui. Et quand on dit Dieu, ce n'est pas pour eux une abstraction, un concept philosophique ou métaphysique, nous entendons par là qu'ils le vivent dans une présence permanente et Le perçoivent à travers toutes les créatures. C'est un état de conscience en résonance avec la Création tout entière. Alors, avant de déplacer une pierre, de planter un arbre, de cueillir un fruit, en regardant le soleil se lever, en entendant un oiseau qui chante, en buvant cette eau pure, ou en apportant du secours, ils ne voient que Lui, ils ne le font que pour Lui. Peu importe la personne, la créature qui est devant eux, ils n'agissent qu'en vue de Dieu, de l'amour divin. Ils ne sont conditionnés que par cela. Ils ne cherchent ni renommée ni pouvoir, uniquement l'agrément divin pour les actes, les paroles et les pensées qu'ils émettent. Les soufis disent que cet état n'est atteint que par une totale purification... Les sens nous ont été donnés, mais ils sont en quelque sorte atrophiés, il est nécessaire de les éduquer pour les éveiller à une perception plus vaste et plus universelle, éduquer l'ouïe, la parole, le toucher, etc., afin de ne pas devenir prisonnier de notre ego et de sa nature minérale, végétale, ou animale. Comme l'a écrit un soufi, Izz l-dûn al-Irbilî [1] :

Parfais-tu l'éphémère, par l'action, en négligeant le permanent,

1. Al-Hanan ben Ahmad ben Zafar al-Irbilî (1265-1326) est un soufi qui fut médecin et historien. Il vécut à Damas jusqu'à sa mort et est l'auteur de *ramdatu-l-jâlis wa nurhatu-l-anîs.*

Tu ne t'intéresses point à son ordre.
Le corps est pour l'âme un précieux instrument,
ce que tu peux en obtenir tu ne l'auras jamais.
Il s'éteindra et tu seras après lui soit dans un bonheur louable soit dans un malheur sans fin.
Tu as reçu ton corps pour qu'il te serve, mais tu l'as servi.
Oubliant ainsi le serment que tu as prêté dans les temps premiers.
Tu as fait régner l'esclave en diminuant ta dignité.
Le meilleur n'a-t-il pas le meilleur comme esclave ?

Il s'agit bien de se libérer, de s'alléger de la tendance lourde et dominatrice du moi ; c'est en fait une question de transcendance : transformer ce qu'on a reçu, ce que l'on est, pour l'élever vers cet état d'universalité que symbolise le centre du cercle, où tous les rayons de la sphère, quel que soit leur sens, même opposés, viennent se rejoindre et s'équilibrer.

Avoir une vie saine, pure dans le vrai sens du terme : ne pas nuire à autrui, ne pas blesser autrui, ne pas agresser la nature, essayer dans la mesure du possible de vivre dans cette présence où chaque acte, chaque parole, chaque geste que je fais est accompagné par la présence divine. De là, ma conscience petit à petit va s'agrandir, s'épanouir au-delà des idées reçues, au-delà de la forme, des croyances, des philosophies, parce que tout se rejoint en elle. Je ne juge pas, je médite. Je ne condamne pas, je réfléchis. À partir de là, naît en nous une détermination, une volonté mue par l'énergie de l'amour qui nous pousse, d'étape en étape, à réaliser l'homme universel.

Par ailleurs, ce qui concerne l'individu concerne aussi la société. C'est pourquoi je reprends la figure du cercle.

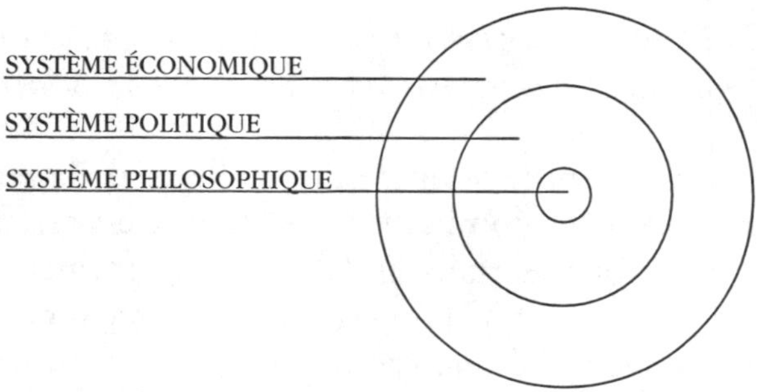

Le premier et le plus central des cercles correspond au « système philosophique ». Il s'agit d'un centre dynamique qui va animer l'élite (les gouvernants, les décideurs), la faire tendre vers l'unité, l'aider à harmoniser les différentes parties de ce tout que représente une société humaine. Ce cœur va impulser dans le corps social des valeurs universelles, épanouissantes pour la civilisation. Cependant, dès qu'elle perd ce centre, donc sa raison d'être, elle se transforme en un système politique, régi par des lois, et influencé par les intérêts des partis. C'est le deuxième cercle, correspondant au système politique.

Cette rupture avec le principe de l'unité entraîne la division qui se manifeste par exemple dans l'opposition des partis politiques. Cette séparation fragmente la société et l'affaiblit. Tôt ou tard, la sphère politique s'effondrera à son tour, laissant la place à un principe encore plus extérieur : le système économique, figuré par le troisième cercle. Si au départ le pouvoir était nourri par une légitimité métaphysique, basée sur l'unité, donc l'égalité, le partage et la justice totale entre les hommes, dans un second temps il devient un pouvoir entre les mains d'un groupe au détriment des autres et dans un troisième temps, sous l'influence du pouvoir de l'argent, il deviendra une sorte d'arme aux mains de quelques nantis qui imposeront leur point de vue au reste de la société. C'est le temps de la décadence. Par son éloignement progressif du principe de l'unité, cette civilisation va peu à peu se dissoudre et finira par disparaître dans un marasme qu'elle aura elle-même engendré. Vous pensez que nous sommes en train de faire de la politique alors que nous sommes censés parler de spiritualité, c'est intentionnel.

Cet enseignement est universel et son universalité l'oblige à parler de la condition humaine dans sa globalité. Nous ne pouvons pas séparer, dans le cadre de l'unité, l'apparent de ce qui est caché. S'il y a des maux dans la société, identifions-les et cherchons les solutions afin d'apporter notre contribution au bonheur et à l'harmonie de l'humanité.

En effet, toute décadence entraîne une renaissance, ne l'oublions pas. Le fait que de plus en plus de gens aujourd'hui cherchent la vérité est porteur du signe d'une nouvelle espérance.

Pouvons-nous nier le fait que nous sommes en pleine décadence ? Elle est palpable, l'esprit matérialiste domine aujourd'hui toute l'humanité L'économie est devenue la mesure de toute chose, l'homme n'est plus considéré qu'en fonction de sa richesse monétaire. N'est-ce pas la raison de la crise profonde dans laquelle nous nous trouvons ?

Tout cela oblige les êtres humains quels qu'ils soient à réfléchir au devenir de l'humanité. Allons-nous continuer dans cette voie, à produire une croissance sans fin qui détruit l'environnement, la nature mais aussi l'homme dans ce qu'il a de plus essentiel ? Par un nivellement total, un pensée unique, horizontale, elle évacue les repères et ainsi naissent les intégrismes. Car la peur et le refus de cette situation obligent certains à s'enfermer dans des idéaux stériles et dangereux qui ne font qu'accroître le désordre ambiant. Ainsi, peu à peu, la paix quitte à la fois nos cœurs, nos foyers, nos vies et nos pays. Cette guerre dont on ne dit pas le nom est partout, elle est ici comme ailleurs, différente en apparence seulement.

Ce malaise insistant procure en nous une révolte, et cette révolte nous éloigne de plus en plus de cette unité, facteur d'équilibre et d'harmonie. C'est elle qui nous appelle à la paix et à la sagesse pour arriver à percevoir dans l'autre une partie de nous-mêmes.

Questions-réponses

Quelle est la place et l'histoire du soufisme par rapport à l'islam ?

C'est la tradition ésotérique de l'islam. Mais si elle a existé dans l'islam, cela ne veut pas dire qu'elle n'ait pas préexisté à sa venue. En effet, c'est une sagesse qui nous vient de très loin et que l'on retrouve dans toutes les traditions. Dans la dernière religion, née du monothéisme, qu'est l'islam, on la reconnaît, on l'identifie et on la nomme « soufisme » parce qu'elle s'est structurée, qu'elle a des maîtres et des chaînes initiatiques. Elle a toute une approche et un enseignement existant depuis plusieurs siècles. S'il existe des ouvrages excellents à ce sujet[1], je vous avertis cependant qu'on ne peut pas découvrir le soufisme à travers les livres. Les livres sont comparables à des cartes géographiques qui décrivent un pays...

1. À lire notamment *Les Voies d'Allah*, dir. Gilles Veinstein, Alexandre Popovic, Fayard, 1996

Comment le soufisme se situe-t-il par rapport aux approches de la psychologie ou de la psychanalyse dans la façon de voir, par exemple, comment il faut déconstruire sa propre histoire pour la rebâtir ?

Pour pouvoir être neutre et juste, il faudrait que je sois à la fois soufi et psychanalyste, et je pense que je ne suis ni l'un ni l'autre. Moi-même, je ne fais qu'apprendre à être soufi. Je ne prétends donc pas amener une réponse qui satisfera tout le monde. Je témoigne à partir de ma propre expérience.

Nous l'avons dit, notre environnement culturel est un conditionnement. La première des choses à mettre en œuvre, dans cette tradition, c'est d'amener l'être à se regarder lucidement et à interroger son héritage. À celui qui est croyant nous disons : remets en question ta croyance ! À celui qui est athée nous disons : remets en question ton athéisme.

Je reviens à la notion de sphère. Nous disons que l'homme est comme une planète. La terre, par exemple, a toujours une partie qui est éclairée et l'autre dans l'obscurité. En nous, à chaque instant, il existe une partie mise en lumière et l'autre qui reste dans l'ombre. C'est par la rotation de la Terre sur elle-même que la face obscure s'éclaircit et que la part qui se trouvait à la lumière regagne l'obscurité. Il faut donc à l'homme une certaine patience. Mais ce qui caractérise le plus l'homme moderne c'est certainement son impatience...

vouloir tout, tout de suite. Laisser le temps au temps, cette sagesse nécessite une certaine maturité. Aimer, cela s'apprend, cela se vit. Mais comment peut-on aimer si nous n'avons jamais haï ? Là est le problème. Il faut accepter cette partie négative de nous-mêmes. Qui ne connaît pas la jalousie ? Qui n'a pas été violent ? Qui n'a pas commis des fautes ? Mais cela fait partie d'un équilibre. Nous découvrons peu à peu la complexité de nous-mêmes face à autrui. Le maître ou le guide dans le chemin s'efface de plus en plus et fait simplement effet de miroir pour que l'être spirituel du cheminant naisse et grandisse en découvrant sa partie animale, végétale et minérale ; afin qu'il ne la rejette pas mais au contraire qu'il l'intègre et l'accepte. Il est un tout. Qu'il agrée ce qu'il est aujourd'hui car il ne le sera plus demain. En effet, ce que nous sommes à vingt ans, nous ne le serons certainement plus à quarante ans ni même à soixante ans. C'est à lui de choisir le moyen et le chemin qui le conduisent à ses retrouvailles avec lui-même, à cette réalisation.

On constate depuis des générations, des siècles, des millénaires, que les sociétés se construisent et se détruisent. Pourquoi n'y a-t-il pas dans l'humanité de progrès de la morale et de spiritualité qui iraient crescendo ?

Dans l'hindouisme, il existe la fameuse doctrine des cycles, que l'on peut transcrire comme comprenant : l'âge d'or, l'âge d'argent, l'âge de bronze et l'âge de fer. Nous subissons l'influence des cycles en permanence et c'est notre propre destin, le destin de l'humanité en quelque sorte. Mais je crois qu'il y a un progrès. Je pense qu'entre la société grecque ou la société romaine et notre société, il y a des différences. Ils ont eu les mêmes préoccupations que nous. Quand nous lisons aujourd'hui la philosophie grecque, nous ne pouvons pas nous empêcher de nous interroger sur cette démarche de l'esprit, sur cette recherche sur la condition humaine, la cité... à tel point que peut-être furent-ils beaucoup plus avancés que nous dans certains domaines. Il en est ainsi avec la société égyptienne, chinoise ou indienne. Il y eut des progrès, mais ils furent toujours limités à une élite, à une société, à un peuple. Aujourd'hui, nous assistons à la mondialisation et pourtant jamais le monde n'a été si petit. Nous subissons les influences des uns et des autres. Qui aujourd'hui n'a pas de connaissance sur l'Inde, la Chine, ou les Mayas ? La communication s'accroît de plus en plus, pour nos enfants et nos petits-enfants, cela sera davantage encore. Ils vivront dans une société plus ouverte, mondiale. Ce que va devenir le village planétaire ? Tout le problème est là. Les générations futures arriveront-elles à gérer les rapports humains dans un cadre universel, c'est-à-dire dans l'unité, vivront-elles dans le partage, l'égalité des richesses, des savoirs, de l'information, de la technologie... ? Ou cette mondialisation n'est-elle rien d'autre qu'un groupe puissant — fait de multinationales — voulant mettre le reste du monde sous sa coupe ? Ce sont là les véritables enjeux de demain. S'il y a un éveil spirituel, si l'homme à travers la communication qui s'accroît parvient à voir dans l'autre une richesse complémentaire, cette société dont nous rêvons toujours, et que tous les livres sacrés ont annoncée, arrivera. C'est l'état messianique où les hommes seront frères, où le lion ne mangera pas l'agneau, et le serpent ne piquera pas l'enfant. C'est l'ère de la prospérité, où l'argent n'aura plus aucune valeur. Cela a été annoncé. Portons en nous l'espérance d'une humanité renouvelée. Bien sûr, on nous traitera de rêveurs et d'utopistes, mais peu importe : plus il y aura d'êtres qui s'éveilleront à cela, qui porteront ce projet en eux et le transmettront à leurs enfants et leurs petits-enfants, plus nous avons une chance — peut-être une sur un million — de voir arriver un jour la venue de ce temps messianique.

Oui à la vie, la voie du laisser-être

RICHARD MOSS

Qu'un être humain aime un autre être humain, disait Rilke, voici la plus grande des réussites. Là où il y a le plus de potentiel pour être touché, peut-être humilié, mais aussi pour aller profondément dans nos vies, c'est dans nos efforts à devenir vraiment intime avec un autre être humain. Cela est le oui le plus important et souvent le oui le plus difficile.

Qu'est-ce que cela veut dire, « oui à la vie » ? Qu'entend-on par « sens » ? Je sais qu'il n'existe pas une expérience exclusivement personnelle du sens, parce qu'il n'existe pas un moi uniquement personnel, une conscience exclusivement personnelle et séparée.

Ainsi, les mots ont leurs racines dans une relation profonde avec ce monde, avec le ciel, le ciel si dynamique pendant la journée, la nuit parfois rempli d'étoiles. C'est extraordinaire : pendant la journée, on peut faire comme s'il n'y avait pas d'étoiles. C'est comme l'ego, qui fait semblant de croire que le Soi n'existe pas, qu'aucune conscience indépendante de sa propre existence n'existe.

Et la terre tourne. À l'heure qu'il est, c'est le crépuscule et, sur une autre partie de la terre, le soleil se lève. Le soleil se lève toujours quelque part et se couche toujours quelque part : ce phénomène est construit dans notre conscience, cette construction fait partie de nos cycles de repos et d'activité. Et l'air, et toutes les créatures...

Tous les mots spirituels, tous les mots du sens ont leurs racines dans notre corps, viennent de la relation sensuelle que nous vivons avec la terre. Le mot latin *anima*, par exemple, fait référence au souffle ; en grec, *animus* est ce qui pense à l'intérieur de nous, se référant également au souffle ; le mot atmosphère vient du sanskrit *atman*, le souffle... Mais nous sommes si terriblement déconnectés de nos corps que nous croyons qu'il existe une psyché individuelle, personnelle, privée. Et si l'on regarde autour de nous, on peut voir les conséquences de cette croyance. Il n'existe pas un moi exclusivement personnel et séparé, il n'existe donc pas d'idées véritables exclusives et séparées : ma pensée, mon idée, ne peut exister en soi. Il n'existe donc pas non plus de sentiment ou d'émotion qui soit exclusivement mon émotion, mon sentiment à moi.

Un corps qui n'est pas habité, incarné, relié à l'air, à la terre... est dans une situation désespérée.

Il n'y a aucune conscience sans corps, le corps pousse à partir de la terre, nous sommes nés de la terre, et il nous faudra toujours de la nourriture et de l'air, ici ou ailleurs, sur terre ou dans l'espace.

La Bible en hébreu commence par le mot *rouah*, le souffle de Dieu qui traverse la terre, ce souffle qui donne naissance à la vie. Ensuite Dieu se souffle dans Adam, et la nature féminine d'Adam — l'Ève d'Adam — vient de ses côtes, de la respiration... Au cœur de la méditation est la méditation. Se tenir dans sa véritable nature et la connaître, c'est simplement être là avec sa vitalité et cet extraordinaire souffle. Mais au cœur de la méditation il n'y a pas le sentiment que c'est moi qui respire, mais que je suis respiré : c'est cela, le vécu réel de la méditation. Alors que se passe-t-il quand nous croyons qu'il existe une conscience exclusivement personnelle, individuelle, qu'on appelle moi ?

Il se passe que l'on commence à partir à la recherche d'un sens exclusivement personnel : mais cela n'est pas réel, cela est un malentendu. Et tant qu'on reste coupé du monde sensuel d'où nous venons, de la nature, il est facile de tomber dans ce piège. Qu'éprouve-t-on, que ressent-on dans la perception d'un moi qui n'existe pas ? La perception de cela révèle un sentiment profond d'irréalité. La toute première perception de cette chose que nous appelons le moi, le je de l'ego, sa toute première perception, c'est de la non-existence.

Dans la mesure où nous ne voulons pas regarder cela, c'est ce qui est le moteur de notre quête qui nous fait nous éloigner de nous-mêmes. Nous sommes dans une grande solitude — et ça, c'est notre vrai vécu —, nous avons peur de notre propre sentiment, et, parce que nous ne comprenons pas ce oui plus profond, nous naviguons dans nos vies en fonction de ce dont nous avons peur, par rapport à nos non : non, je ne suis pas heureux dans mon travail ; non, je ne suis pas heureux dans cette relation ; non, ça c'est douloureux ; non, je me sens seul. Il y a des milliers de combinaisons différentes qui constituent nos non, mais nous ne pouvons pas conduire notre vie si elle basée sur les non, il faut connaître son oui. Si par exemple on prend la décision d'arrêter une relation, à quoi disons-nous oui à ce moment ? Il est facile de dire non, mais à quoi dit-on oui ?

Je connais un homme qui vit dans sa vie une lutte avec son obsession pour la pornographie. Il m'en parle régulièrement, depuis plusieurs années, et je n'ai jamais ressenti envers lui aucun jugement. Il n'y a pas très longtemps il m'a dit : « Tu sembles toujours passer par-dessus mon obsession pour la pornographie, mais elle est en train de détruire mon couple, et cela n'est pas bien. » Et il décide de jeter toutes les vidéos et tous les livres. Alors je lui ai demandé :

« Comment va ta femme intérieure ? Comment est-elle ? Celle que tu rencontres à travers ces vidéos pornographiques, qu'aimes-tu dans cette femme-là ? Aimes-tu le fait qu'elle s'abandonne encore et encore à la sensation ? Le fait qu'elle ne dit pas non ? Te sens-tu puissant ?... » « Oui, oui, oui », répondait-il. « Mais alors, regarde ta femme extérieure, celle que tu as épousée. Ça fait deux ans que vous ne vous êtes pas touchés. Tu as une femme intérieure qui est vivante mais dont tu as honte et tu as une femme extérieure qui est froide et avec laquelle tu n'as pas de contact. Et tu vas aller détruire tes documents porno ? Pour mourir ? Quelle est cette femme intérieure à laquelle tu veux dire oui ? Où peux-tu la trouver ? Cette femme intérieure, c'est une qualité dans le corps. Ne te débarrasse pas de tes supports pornographiques avant de commencer à sentir en toi cette femme intérieure à laquelle tu veux vraiment dire oui. Lorsque cela arrivera, alors construis-toi un bon feu rituel, et brûle tout ça si tu veux. Prends les cendres et mets-les sur un autel, là où se trouvent tes symboles les plus sacrés ; prends cette femme intérieure qui est pleine de désir et qui, d'une certaine façon, est un peu détériorée et donne-lui une place sacrée. Et tu n'as pas besoin de trahir pour pouvoir dire oui à une nouvelle femme... » Vingt-quatre heures plus tard, après quarante ans de quête spirituelle, quelque chose à l'intérieur de lui changea, bascula. D'un seul coup, cet homme avait l'air d'avoir dix, vingt ans de moins ; le non et le oui sont très proches l'un de l'autre et très reliés.

On dit : « Je suis malheureux dans mon couple ! — Mais à quoi dites-vous oui ? — Je ne sais pas. — Alors restez où vous êtes et méditez. Devenez disciple de votre insatisfaction, et voyez de quelle façon la situation dans laquelle vous êtes vous maîtrise et laissez-vous devenir maître... » On dit : « Oui ! Mais je n'aime pas ce que je ressens, ma façon de lui parler, ma façon de penser... » Tout ces sentiments sont à l'intérieur et on construit sa vie en les fuyant, parce qu'on ne sait pas les rencontrer, devenir intimes, entrer en relation avec eux. Or la conscience, c'est la relation. Et la conscience est née de notre première relation, de notre relation originelle avec la terre. Il ne peut pas y avoir de conscience sans relation. Grandir dans la conscience, c'est approfondir notre capacité à être en relation.

Nous avons un corps et donc il s'agit d'approfondir notre capacité à être incarné. Nous avons des sentiments, et le plus difficile, pour nous, c'est la peur sous toutes ses formes. Personne n'entre en relation avec son soi véritable, personne n'apprend la foi sans rencontrer la peur. Comment faire pour entrer en relation avec la peur et ne plus être en réaction par rapport à elle, la fuir ou la compenser ? Récemment, avec un groupe d'une soixantaine de personnes, nous avons exploré ce qui dans notre vie nous maîtrise et nous donne de la maîtrise. Pour apprendre à faire du vélo, il faut avoir une relation avec les chutes, les douleurs, les bleus... Si vous dites oui au fait d'apprendre à faire du vélo et d'y arriver, alors vous dites oui aux chutes. C'est facile de dire non aux chutes, mais avez-vous rencontré quelqu'un qui sait faire du vélo et qui n'est pas tombé en apprenant ? Et c'est facile, aussi, de décrire comment on vit la chute, ce que l'on ressent quand on tombe — on est malheureux, c'est la frustration, l'angoisse... Mais quelle sensation a-t-on sur le vélo ? Qu'est-ce que l'équilibre sur un vélo ?

Il y a des êtres rares qui, si par exemple ils voient un vélo pour la première fois de leur vie, se mettent à jouer avec, le mettent sous le bras, le lancent, le font rebondir... et ils découvrent que ça roule... Si quelqu'un leur disait : « Ça, c'est une machine à tomber », peut-être ne choisiraient-ils pas d'apprendre à tomber. Lorsqu'un individu voit pour la première fois de sa vie quelqu'un faire du vélo, même s'il n'a pas, par sa culture et sa structure linguistique, de référence dans sa pensée pour une telle chose, dans un tout premier moment de perception une transmission de foi se fait, et celui qui voit saura faire du vélo.

Mon vélo à moi, ce qui me maîtrise et me donne la maîtrise, c'est mon rôle, ma place d'époux, et ma place de père des enfants de ma femme, et cela à travers les émotions que les difficultés provoquent parfois en moi — la rage, la colère... J'ai vécu cela arrivé à un moment où je me pensais éclairé, éveillé. Qu'est-ce que la spiritualité si elle ne nous rend pas plus pleinement humain ! Quel sens peut-il y avoir si on se limite seulement aux pensées ? Comment faire pour repérer son oui, sachant qu'un oui que nous ne connaissons qu'au niveau du mental sera trahi par ce que l'on ressent. Même les sentiments les plus merveilleux seront trahis par le corps qui vieillit et qui meurt. Autrement dit, le plus grand des maîtres, le plus vaste des enseignants, c'est en fait notre incarnation. Et comme nous sommes respirés, nous faisons partie de la terre et nous découvrons petit à petit non pas comment faire pour contrôler nos corps mais comment faire pour exister en tant que corps.

Le sens vient du fait d'être sur cette planète à l'écoute. Où se trouve notre espace d'écoute sinon ici même ? Que se passe-t-il lorsque nous écoutons à partir de cet espace-ci ? Notre respiration ne s'arrête pas, c'est la conscience de la respiration qui s'arrête. Ressentez-vous le mouvement de la poitrine, du ventre ? Nous respirons depuis bien avant que le moi, avec les peurs et les espoirs, n'existe. Si vous laissez se détendre la quête du mental, la quête de vivre et d'expérimenter des choses... lorsqu'on relâche cette quête, alors l'expérience est là, il y a une présence de la conscience, un espace doux et sensuel respire dans le corps. Nous avons tous déjà goûté cela.

On dit que les grands maîtres, les grands sages ont une capacité d'observation particulièrement forte, capacité à observer où ils sont. Mais un observateur qui a un projet, un objectif, n'est pas un observateur, c'est plutôt quelqu'un qui travaille avec le contrôle. Un observateur avec un projet ou un objectif, c'est quelqu'un qui fuit la peur. Si on revient à ce avec quoi on naît, ce souffle qui se renouvelle, cet espace dont personne n'a jamais été privé et qu'on écoute, sans objectif, on observe qu'il y a un juge et on voit la façon dont on interprète constamment des mots, parce que leurs racines ne sont pas dans la nature mais de simples interprétations.

Imaginez que vous êtes un extraterrestre qui n'a jamais vécu l'incarnation mais dont l'esprit est réceptif, et que votre toute première expérience très puissante est le mouvement de l'air — ce n'est pas nous qui faisons bouger l'air, c'est l'air qui bouge. Le premier souffle était un cadeau et il n'est même pas à recevoir, il est tout simplement donné. On peut descendre dans ce moment où il y a la présence de la conscience ; là, il y a une qualité, un goût qui est un espace et qui n'est pas vide. Le mental reste régulier, calme, et on est là, dans l'instant, en train de respirer ; il y a, dans ces moments présents, le passé, et ce passé est toujours accessible et aussi absent — comme lorsqu'une personne meurt, elle est absente, et pourtant toujours accessible. Par exemple, je ne peux pas toucher mon père, il est mort il y a six ans, mais je le sens dans cette présence, il fait partie de cette profondeur qui est notre passé.

Chacun, dans cette présence vécue dans son propre corps, peut goûter l'avenir et ses possibilités. Et quand le cœur est ouvert, quand la conscience est détendue et qu'on n'est pas victime de la peur, cette expérience du passé devient une immense source de gratitude. Au-dedans se trouve la racine de notre sentiment de compassion, d'empathie.

Dans la présence à la conscience, la conscience elle-même est une expérience ; et dans cette expérience il y a le passé. Mais ce n'est plus le cas si nous partons mentalement dans le passé, si nous rentrons dans le passé, parce qu'à ce moment-là nous ne sommes plus présents au monde. Et il n'y a plus alors de présence de la conscience et le fait d'avoir peur fait que ce que l'on ressent de l'avenir est tout petit, devient étriqué.

Quand on est capturé par ce sentiment d'être un moi individuel et exclusif, quand nous tombons amoureux, la possibilité qu'il y a dans le passé, ce pouvoir du passé de nous blesser, disparaît. Et quand nous tombons amoureux la possibilité de l'avenir s'élargit, s'étend. Mais si je commence à regarder cette relation qui me confère un tel sentiment de présence, et que je laisse tomber mon corps, que j'oublie mon souffle pour partir dans mes pensées sur l'avenir en me demandant : la relation existera-t-elle encore plus tard ? Il n'y a alors plus de corps, plus de présence, plus de relation. Et l'amour qui est là commence à s'affaiblir, là, dans cet instant.

Si nous voulons connaître notre oui, il est là. Si quelqu'un dit : « Je vais aller marcher dans le désert pour être en relation avec moi-même et pour découvrir quel est mon oui à la vie », qu'est-ce qui fait penser à cette personne que si elle ne peut pas être présente maintenant, elle le sera dans le désert ? « Oui, je peux être présente maintenant, mais je n'aime pas ce que je vis ici. Mais je le serai plus tard ! »... Ainsi, on met la satisfaction loin là-bas, quelque part dans le futur.

Quand il n'y a pas de présence, il n'y a pas de corps : un cancer peut prendre place et pousser sans difficulté ; l'amour fane. Et on commence alors à vivre dans des idées, au lieu de vivre dans l'intimité, à vivre l'idée d'un couple au lieu d'être dans la relation émergente et vivante. Or on ne peut pas trouver le sens de la vie ailleurs que maintenant. On a reçu un mental, un intellect et on s'en est servi pour fuir notre incarnation. Pourquoi ? Parce que la mort est humiliante. Pourquoi ? Parce que les sentiments nous humilient. Et ils humilient quelque chose qui n'existe même pas et dont le sentiment radical est une terreur terrible car c'est un sentiment de non-existence.

Dans le travail que je propose, on se concentre énormément sur le fait de vivre et de ressentir la vitalité de notre propre organisme, et d'apprendre à vivre une relation d'intimité avec tous nos ressentis, tous nos sentiments.

Questions-réponses

Au sujet de l'impossibilité d'aimer quelqu'un et d'être dans une relation tant qu'on est accroché à l'ego et à l'idée que l'on se fait de la relation de couple... Commence-t-on à aimer quand on abandonne l'ego et que l'on commence à avoir une conscience différente de soi ? Avant d'arriver à cela, n'est-on pas dans l'illusion des images que nous avons ?

Que voulez-vous dire par « abandonner l'ego » ?

Abandonner toutes les illusions que l'on peut avoir au sujet de soi, toutes les idées que l'on se fait sur ce qu'on est, ce qu'on n'est pas, ce qu'on doit faire ?

Quelle partie à l'intérieur de vous veut aban donner tout ça ? Qui veut abandonner tout ça ? Pourquoi voulez vous abandonner tout ça ?

J'ai cru comprendre que tant qu'on était accroché à cette idée de soi, ou de ce qu'on voulait faire, on n'était pas libre d'être en relation d'amour...

On ne peut pas abandonner quelque chose qu'on ne comprend pas. Parce que ce qu'on ne comprend pas nous a capturés. Pourquoi vouloir l'abandonner ? Pour pouvoir arriver à quelque chose, n'est-ce pas ? Ce quelque chose existe dans vos pensées, dans l'avenir, quelque part. Et vous voulez atteindre quelque chose que vous vous imaginez pouvoir atteindre à travers un processus. Mais n'est-il pas vrai que, dans l'instant présent, vous vous sentez mal à l'aise ? Et ce sentiment-là est réel, tout le reste n'est que pensées. Je suis mal à l'aise, je n'ai pas envie d'être mal à l'aise. Mais d'où vient l'inconfort, l'insatisfaction, où commence-t-elle ? Qui, à l'intérieur, se sent insatisfait ?

Si quelque chose tombe sur mon pied, qu'est-ce qui a mal ? C'est mon pied. Comment est-ce que je sais que c'est mon pied ? Parce qu'il a mal... ! Nous ne sommes pas encore arrivés à comprendre comment fonctionne notre souffrance que nous essayons déjà de la quitter, de grandir. La solitude est réelle, le vide est réel. Et la seule façon de découvrir la racine de tout ça, c'est de prendre conscience de cette erreur de perception qui nous fait croire qu'il existe un moi séparé. La seule façon de découvrir cela, c'est d'entrer en relation avec cela.

Vous avez posé une question sur la relation, n'est-ce pas, et vous vous dites que si on abandonne l'ego, on peut rentrer en relation. Êtes-vous en relation ?

Oui.

Et que se passe-t-il ?

Ce que je ressens, c'est qu'en exprimant, en allant au bout de tout ce qu'on ressent y compris dans le négatif, on arrive à être avec l'autre, à l'accepter tel qu'il est, à s'accepter soi-même, et à ne pas être dans l'idée d'une relation ou de ce qu'il faudrait être ou ne pas être... Plus j'accepte, plus je vais dans les peurs et dans ce qui peut retenir les choses, et mieux ça se passe.

Si on s'engage vraiment dans une relation, elle est probablement le plus grand des maîtres spirituels, ou en tout cas parmi les plus grands. Mais c'est un maître tellement difficile que pour pouvoir vraiment entrer dedans, il nous faut acquérir un certain nombre d'outils de conscience et de compétences — et pas les moindres. Parmi les plus importantes : apprendre à écouter vraiment, ici, dans notre propre corps, et pouvoir repérer comment fonctionne le mouvement du mental.

Toute pratique spirituelle doit s'enraciner dans la vie ordinaire, quotidienne, et dans toutes les choses que l'on y vit. Cela n'a aucun sens d'être dans un état de conscience unitive parce que, dans la seconde qui suit on est en relation avec un autre être humain réel. Et même si vivre cette expérience de conscience unitive nous transforme et transforme nos relations avec les autres, il faut vraiment beaucoup de temps pour pouvoir l'intégrer dans la relation intime.

Donc, si on dit oui à la vie, commençons par le début et ayons la volonté, la bonne volonté, d'accepter d'être maîtrisé par nos relations. En anglais comme en français, je sais qu'on associe au mot « maîtriser » un caractère de domination. Mais si vous rencontrez quelqu'un qui a été maîtrisé par son couple, par le fait d'élever une famille, vous trouverez chez cette personne quelque chose d'éternel qui l'habite. Dès l'instant où l'on repère cela chez l'autre, il y a une foi qui est transmise et on sait alors que si on est prêt aussi à tomber du vélo, on peut aussi arriver à rouler avec.

Si j'ai bien compris, il y a deux aspects. Premièrement, vous dites que nous sommes les enfants de l'univers et qu'on doit donc vivre en harmonie avec notre univers. Et le deuxième concept est de vivre aujourd'hui, ici et maintenant.

Dire que nous sommes des enfants de l'univers est une reconnaissance, pas une pensée ; c'est une prise de conscience, ce n'est pas une pensée. C'est quelque chose que le corps sait, l'ensemble de l'être incarné sait ça. En tant que pensée ou idée, cela a très peu de sens, très peu de signification.

Aujourd'hui, ici et maintenant : dans la présence, non pas dans le présent. Dès qu'on est dans le présent, on n'a plus de corps, plus de passé, plus d'avenir. Pendant les quatre heures qu'on passe devant l'ordinateur, on n'a plus de corps, on ne se souvient plus qu'on est marié, on n'a plus de passé, on n'a plus d'avenir... les gens morts... les gens vivants... Dans ce moment-là il n'y a plus non plus de vie dans le passé, le présent, l'avenir. Et dans la nature même de la présence, la présence de la conscience, il y a la présence du passé, du passé qui est vécu en tant que profondeur, il y a l'avenir qui est vécu en tant que possibilité. Dans la présence, dans le maintenant de la présence, il y a quelque chose qui nous est éternellement refusé. Et ce qui nous est refusé, on l'appelle par des noms différents : Dieu, le soi, le tao..., mais cela nous est toujours refusé. Or ce qui ne nous est pas refusé, c'est la relation avec cela, celle qui vit maintenant dans ce souffle, dans cette présence, dans le corps. Le présent n'est pas vivant, et la présence est très vivante, elle n'est pas du tout une abstraction.

Une vie menacée, une vie créative

MARIE DE HENNEZEL

En 1942, une jeune fille juive hollandaise, pressentant sa déportation prochaine en camp de concentration, écrivait ceci :

« Bon, on veut notre extermination complète... et en même temps, j'ai une certitude : je trouve la vie belle, digne d'être vécue, et pleine de sens... La vie et la mort, la souffrance et la joie, les ampoules des pieds meurtris, le jasmin derrière la maison, les persécutions, les atrocités sans nombre, tout, tout est en moi et forme un ensemble puissant, je l'accepte comme une totalité indivisible et je commence à comprendre de mieux en mieux — pour mon propre usage, sans pouvoir encore l'expliquer à d'autres — la logique de cette totalité. Je voudrais vivre longtemps pour être un jour en mesure de l'expliquer, mais si cela ne m'est pas donné, eh bien, un autre le fera à ma place, un autre reprendra le fil de ma vie là où il sera rompu. »

J'ai souvent pensé à Etty Hillesum, l'auteur de ces lignes dans *Une vie bouleversée*, chaque fois qu'il m'a été donné d'écouter et d'accompagner des personnes séropositives, lucides quant à leur destin, évoquant sans détour ce que seraient sans doute un jour leur maladie et leur mort. Leur témoignage, recueilli en 1995 dans le cadre d'un film vidéo, *Une vie menacée, une vie créative*[1], me semble prolonger celui de cette jeune fille morte deux ans après avoir écrit ces lignes. Bien sûr, aujourd'hui, les nouvelles thérapies ont éloigné la menace mortelle, et on peut s'en réjouir. Mais beaucoup sont morts. Et la façon dont ils ont vécu leurs dernières années reste pour nous un témoignage bouleversant de la manière dont l'être humain peut traverser les pires crises et se transformer à travers elles.

Côtoyant pendant plusieurs années des personnes porteuses du VIH, j'ai découvert, à côté de leur souffrance et de leur solitude, la force et les ressources souvent insoupçonnées qui se révèlent au fur et à mesure de leur difficile chemin. J'ai été témoin du travail psychique, du travail intérieur que la menace létale a progressivement ou brutalement, selon chacun, mis en route. Au-delà du choc initial et de la sidération qui suit parfois ce choc, chacun fait face à l'angoisse à sa manière, à

1. Ce film vidéo est diffusé par l'Association Bernard Dutant (Maison des Associations, 93, Canebière, 13001 Marseille).

travers l'expression de multiples stratégies défensives que nous connaissons bien (la dénégation, la révolte, la dépression). Malgré cela, cet ébranlement intérieur n'est que rarement recouvert. L'ébranlement intérieur révèle à chacun sa vulnérabilité et sa mortalité. Ainsi, la menace de mort est un révélateur de notre véritable intériorité, dans la mesure où elle nous renvoie à notre capacité de nous ressouvenir de ce que nous sommes réellement, un être humain voué à la mort, confronté à la question de son origine et de son devenir. Nous sommes alors renvoyés aux vraies questions concernant le sens de notre vie, concernant les valeurs sur lesquelles notre vie repose.

On cherche trop souvent la question du sens à l'extérieur de soi, comme si elle pouvait nous être livrée toute prête. Or le sens est en nous. Mais il s'élabore et se construit en grande partie grâce aux épreuves qui portent en quelque sorte le germe du sens de nos existences. L'épreuve — et la menace létale en est une — confronte donc à une vulnérabilité extrême et en même temps, au creux de cette impuissance, on assiste parfois au surgissement d'une force insoupçonnée. Michel de M'uzan, dans un texte intitulé « Le travail du trépas », parle d'expansion libidinale, de « surprenant élan pulsionnel », le professeur Fisher de « ressort invisible ». Chacun désigne par là la force psychique qui semble se mettre au service d'une tâche essentielle : s'accomplir, oser être soi, vivre plus consciemment et peut être, selon l'expression de M'uzan, « tenter de se mettre complètement au monde avant de disparaître ».

Ce travail psychique, ce travail du trépas — travail du passage — commence « très tôt, car les processus morbides qui se déroulent dans le corps, l'appareil psychique ne manque jamais de les repérer à quelque niveau que ce soit ». Il est possible, cependant, ajoute M'uzan, qu'il ne s'effectue vraiment qu'à partir du moment où, ayant dépassé la phase de dépression, le patient en vient à une sorte d'acceptation de son destin.

En concevant le film « Une vie menacée », j'ai souhaité donner la parole à quelques-uns de ces exclus de la société que sont les personnes atteintes d'une maladie chronique potentiellement mortelle. Au-delà de la solitude, de l'épuisement, de la souffrance, le film se propose surtout de montrer les forces profondes qui se manifestent pour y faire face : la solidarité, la tendresse, l'humour, la foi dans une dimension qui transcende l'homme, quel que soit le nom qu'on lui donne.

Avoir contacté ces forces profondes en soi ne signifie pas pour autant que l'épreuve est définitivement dépassée. On peut connaître d'autres brisures, d'autres désespoirs qui creuseront encore davantage la conscience de sa fragilité et de ses limites, mais ouvriront davantage aussi la capacité d'humour, de tendresse qui conduit à oser être soi. Car la vie de chaque homme est un chemin qui doit le conduire à lui-même.

La force de ce témoignage tient à l'authenticité de ceux qui, sentant qu'ils n'ont plus de temps à perdre, veulent vivre, et vivre l'essentiel. Ainsi, ils deviennent ce que, peut-être, ils n'auraient jamais imaginé devenir. Ils découvrent un sens à leur vie. Les expériences douloureuses qu'ils traversent semblent stimuler en eux des aptitudes nouvelles. Ils semblent mieux apprécier les choses et les gens, être plus tolérants dans leurs rapports aux autres. Ils deviennent plus sages.

Voici quelques extraits de ce témoignage :

« Ça nous apprend beaucoup de choses, cette maladie. Maintenant, je dis que la vie est géniale, parce que maintenant, je l'écoute, la vie. Non seulement je la vois, mais je l'écoute. C'est venu progressivement. Par exemple, il n'y a pas une journée où il ne se passe pas quelque chose de chouette dans la vie, un détail, un sourire... il n'y a pas une journée où ça n'existe pas.

Survivre à tout prix, non ! C'est vivre bien ce que j'ai à faire : toutes ces choses formidables qui vous arrivent dans la vie, tous ces cadeaux qu'on reçoit, on doit les redonner, cela va de soi, on doit en faire profiter les autres. Donc, on va vivre, on aura le temps de faire ce qu'on a à faire » (Zazie, séropositive depuis cinq ans, décédée deux ans après ce témoignage).

« La maladie m'a fait comprendre que j'approchais de la mort et en même temps, c'était un éveil. C'était une naissance pour moi. Donc, j'avais une nouvelle chance de voir autrement la vie.

Je crois que je n'ai jamais été aussi heureux ! Je vais à l'essentiel. Je suis revenu aux petites choses simples, je communie plus facilement avec les éléments. Je crois que là, on tire le nectar de toutes choses. On pose les yeux sur les petites choses. On prend le temps de communiquer, d'échanger. On court, on court, on oublie tout ça ! Moi, pour me ressourcer, j'ai besoin d'un parc, la verdure, l'eau — tout ce qui est silencieux, en fin de compte, et qui apporte la paix, le calme. J'ai besoin de cette paix. Je crois que là, je suis en communion avec l'univers et je me sens aimé » (Jean Teddy, séropositif depuis onze ans).

« J'ai pensé à la mort, mais je n'ai pas peur de la mort. Ma maladie n'a jamais été un regard sur la mort. Je l'ai pris comme une reconnaissance. Je me suis trouvée, moi, à l'intérieur. J'ai réussi à aller au-dessus de ma maladie par l'amour. C'est l'amour qui me donne cette force. Je crois que c'est l'amour qui me sauve. Voilà... et plus j'ai été vers l'amour, plus j'ai donné aux autres, plus j'ai aidé les autres, et plus je me suis aidée moi-même, en fait » (Valérie, séropositive depuis neuf ans).

« C'est ça que j'oublie trop souvent : cet état d'urgence ! La mort n'est pas loin, elle risque même d'être proche. Il y a quelque chose qui m'interpelle profondément, c'est ça, c'est une approche du cœur, arriver à aller au fond de soi, tranquillement, dans la difficulté, les hésitations et les maladresses, mais éveiller cette présence à soi, à l'autre » (Roland, séropositif depuis cinq ans).

« On prend conscience qu'on est mortel, et que la vie dure un certain temps, en tout cas sur cette terre, et ça donne encore plus envie de se battre et de vivre et d'apprécier un tas de choses qu'on n'apprécierait pas si on n'était pas conscient qu'un jour ou l'autre on peut partir. Il y a des moments où on se sent seul, on perd des amis, et puis tout le monde ne comprend pas. Il y a la peur d'être contaminé, la peur de l'image de l'autre si un jour elle se dégrade. Mais les autres ne se rendent pas compte de tout ce qui se vit de positif, de toute la force intérieure qui se découvre en même temps. On se rend compte qu'on est capable de porter beaucoup. Je voudrais ne pas avoir vécu tout ça pour rien, que ça serve à quelque chose » (Thierry, séropositif depuis cinq ans).

« Pour moi, la maladie est devenue l'occasion inouïe d'apprendre en un temps très court ce qui m'a semblé être l'essentiel sur la vie. Je sais que la mort ne me fait pas peur, parce que la mort a un sens. Maintenant, ce qui fait mon chemin, c'est que je ne m'identifie plus seulement à mon corps, comme je le faisais auparavant. Mon corps a son importance, mais je m'identifie aussi à mon âme. Le fait de découvrir que j'ai une âme et qu'un jour elle se libérera de mon corps, tout ça me paraît être un chemin de liberté et de vérité qui fait vraiment le sens de la vie, de la naissance à la mort.

J'ai compris que la maladie, puisque je l'avais, elle n'était pas nécessairement contre moi, mais c'était aussi elle-même un guide, une opportunité inouïe pour lâcher des tas de choses qui n'ont finalement aucune importance dans la vie et aller vers quelque chose qui soit un accomplissement, qui soit la découverte du sens, de la sérénité, de la joie même des choses plus simples, puisque j'avais si peu, eh bien chaque chose que j'avais prenait tout à coup pleinement son sens.

J'ai le sentiment que quoi qu'il en soit, je vais mourir guéri, que d'ores et déjà, je suis guéri. Et cette guérison spirituelle, pour moi, est quelque chose de magnifique, elle s'est accompagnée d'une guérison physique partielle — je suis toujours séropositif, je n'ai toujours pas de T4, ils ne sont pas remontés depuis mon expérience spirituelle, j'ai beaucoup de mal à respirer, je traverse parfois des moments de détresse physique très grande, mais cette certitude et cette joie d'être en vie, même dans la détresse, c'est encore la vie !

Ce que je sais profondément c'est que tout ça a un sens et que j'irai vers quelque chose. Ce sentiment n'est pas une consolation, mais c'est le sentiment que l'accomplissement prend son temps, est en marche, et que c'est celui de l'univers tout entier auquel je contribue comme une goutte d'eau venant d'une source et rejoignant une rivière. Les sources et les rivières ne se tarissent jamais, elles prennent d'autres chemins » (Paul, séropositif depuis dix ans, décédé deux ans après ce témoignage).

Si ces témoignages nous invitent à regarder la souffrance humaine comme une occasion d'ouverture à la vie, une occasion de devenir plus généreux et plus humain, une question demeure cependant : pourquoi certains vont-ils opérer ce « retournement » ? Pourquoi d'autres nous donnent-ils l'impression que rien ne peut naître de cette épreuve, que rien ne peut émerger de cet ébranlement intérieur ? La question reste ouverte. Je n'ai pas les réponses. Je me demande seulement quelle responsabilité est la nôtre dans le regard que nous portons sur ce que vivent ces personnes. N'avons-nous pas un regard trop réducteur et désespéré ? Y a-t-il suffisamment d'espace dans notre regard pour que quelque chose de neuf, d'inattendu, puisse émerger ?

Les sens nous livrent le sens

CHRISTIANE SINGER

Je me suis demandé ce qui, à notre époque, provoquait cette perte de sang, cette perte de sens. C'est comme une hémorragie qu'il est impossible d'arrêter. Perte de sang... Perte de sens. Par quelle plaie s'écoule le sens ? Plus je m'interroge et plus je vois qu'il y a dans notre modernité quelque chose comme un découragement immense. Le monde est devenu trop grand. Tant que je suis dans une enclave — dans un espace délimité — je peux en porter la responsabilité. Une famille. Un lieu de travail. Un groupe. Dans cet espace, je peux me mettre au service, m'engager tout naturellement. Mais lorsque cet espace se dilate jusqu'à devenir démesuré et recouvrir le monde entier, lorsque chaque jour se déversent dans mes yeux des tombereaux de désespoir du monde entier, tous les désastres du monde entier, toutes les guerres et toute la violence de l'entière planète... alors quelque chose en moi se bloque. Devant le harcèlement ininterrompu d'une négativité tragique, une anesthésie me saisit.

Je ne puis plus affronter cette immensité de la souffrance, mon engagement se décourage. Il se passe quelque chose à notre époque qui n'a pas d'antécédent en un demi-million d'années d'évolution. Des réflexes aussi anciens que l'humanité devant le danger et qui sont de deux ordres : la fuite ou la solidarité, ne jouent plus. Devant une personne tombée, blessée, criant de souffrance, je me précipite pour l'aider. Il y a dans mes gènes, dans la longue lignée d'hommes et femmes qui m'ont précédée, cette réponse inscrite, ce geste qui porte secours. Et depuis une génération — mais qu'est-ce que quelques années dans la coulée des millénaires ? — voilà que notre élan naturel est arrêté par un écran de verre ! Et je suis là, devant cette détresse, et chaque fois que je veux avancer la main... l'écran de verre ! Et ce qui se passe en nous, c'est alors une sorte de drame morbide. Quand aucune réponse n'est possible à une incitation inlassablement répétée, on devient fou. La détresse concentrée est trop grande. Mon découragement immense va peu à peu me mettre en catalepsie. La compassion naturelle est ligotée, bâillonnée. On se dit : de toute façon c'est foutu ! Et il y a du diabolisme dans ce découragement, du diabolisme qui fonctionne comme dans les systèmes totalitaires. On voit, mais il ne faut pas montrer qu'on a vu. On est témoin d'horreurs mais il faut passer sans avoir l'air de voir parce que si on intervenait, on serait soi-même broyé par la violence.

J'ai été invitée récemment par l'université de Linz pour parler à l'occasion de l'anniversaire de ce qu'on nomme la « Nuit de cristal » (pour ne pas l'appeler par son nom de vérité : le « pogrome de 1938 »). Un haut dignitaire de l'Église en Autriche raconta la scène suivante qui illustre le parallélisme entre l'écran de verre et le totalitarisme. Il est enfant. Sa mère vient le chercher de l'école, et dans la rue, il est témoin d'une scène inoubliable — des jeunes nazis s'acharnent à coups de poing et de pied contre un vieillard au sol, un vieux juif orthodoxe avec ces cheveux blancs ruisselant sur son visage, un de ces beaux visages du judaïsme d'antan. Cet homme frappé gît au sol et regarde avec effroi autour de lui. « Ma mère m'entraîna, raconte le narrateur, sans répondre à mes questions. Qui était-ce ? Et pourquoi ? Elle répétait : "Tais-toi, tu n'a rien vu". »

Pendant que ce haut dignitaire de l'Église racontait cette histoire, je la voyais se dérouler sous mes paupières et, dans le ton de ses paroles, j'entendais une deuxième trahison plus policée, plus amène — plus inconsciente de sa portée. « Il fallait comprendre, disait-il, cette mère avait charge d'enfants. Vous vous rendez compte du danger encouru ! Il fallait passer au plus vite pour n'être pas pris à partie par ces jeunes casseurs ! »

Quand vint mon tour — je dis que cette histoire prolongeait la vieille histoire grinçante et saignante et n'apportait pas de délivrance. Le pas ne serait franchi que si le témoin d'alors, le narrateur d'aujourd'hui, avait l'élan de retourner sur ce lieu de son enfance, d'y retrouver le vieil homme gisant au sol, de lui tendre la main, de l'aider à se relever et de s'incliner devant lui du plus profond de sa compassion et de sa vénération. Et tant que cette scène n'aurait pas lieu, les plaies de la mémoire continueraient de puruler. Je ne sais pas si j'ai atteint celui auquel je m'adressais — peu importe, car le message, même s'il n'atteint pas celui auquel on l'adresse, parvient toujours à quelque destination. Dans les affaires du cœur et de l'esprit, on s'adresse à la personne qu'on a devant soi et, par ricochet, c'est un autre qui est atteint de plein cœur — et c'est ce qui importe. Il ne s'agit pas de tenter de persuader qui que ce soit de quoi que ce soit — mais de vivre cette espérance que même le passé reçoit encore aujourd'hui de nous, vivants, consolation et réparation.

À la fin de cette soirée à Linz, un vieil homme enrôlé autrefois dans les armées du Führer est venu pleurer dans mes bras sans un mot. Je ne sais ni ce qu'il avait commis ni ce qu'il avait subi, mais je sais que nous pleurions avec et pour beaucoup d'autres !

Cet écran de verre devant lequel tant d'heures de vie s'étiolent a un autre effet ravageur : il atrophie les sens — il n'y a rien à embrasser, à saisir, à palper, à sentir, à goûter sur la langue, à humer, dans tout ce qui se déroule là de réalité factice. Pendant que la vie passe derrière notre dos, foisonnante, imprévue, intense, vibrante, multiple, nous restons les yeux rivés sur la vitrine !

Quel choc l'autre jour, invitée dans mon vieux lycée Montgrand à Marseille, de constater que les jeunes gens ne vont plus se promener en rêvant le long de la mer ! « De quelle couleur sont les pattes des mouettes à Marseille ? » Personne n'avait admiré leur orange radieux ! Mais plutôt que de me lamenter, je tente où je suis de souffler sur la braise. « Seigneur, j'ai tant aimé ce monde où habite ta gloire ! » Ce psaume m'habite. Je vais souvent dans les lycées. J'ai une passion pour les jeunes. J'aime voir leurs yeux souvent lassés se remettre à briller au bout de quelques moments de passion partagée. J'aime quand en eux la mémoire se réveille ! Dans ce dernier lycée, j'admirais la multiplicité des visages — une centaine d'enfants étaient réunis —, cette merveille de diversité, cette richesse en chacun, tout ce qu'il y avait d'immensité de mémoire derrière chacun ! « Le monde entier s'est donné rendez-vous dans votre école ! » Il y avait des enfants arabes, africains, eurasiens.

Et je commençais par leur demander : « Qui êtes-vous ? Que savez-vous de votre passé, de votre famille, de vos ancêtres, de vos pays, de vos cultures ? Vous me demandez ce qu'est la littérature et je vais vous le dire . la littérature, c'est prendre sa vie au sérieux — passionnément au sérieux —, s'interroger sur ce mystère que je suis — sur ces deux courants de la lignée de mon père et de ma mère qui se rencontrent comme deux rivières en moi ! » Nous nous sommes aperçus que l'ignorance était générale, mais la curiosité s'est mise à brûler dans les cœurs ! Et la fierté ! Au bout de quelques heures, les visages et les regards étaient changés. Et puis je me suis mise à leur parler de ce qu'avait été mon enfance dans ce lycée Montgrand.

J'étais dans une grande émotion de le retrouver, ce lycée. De cette cour de récréation, je me souvenais comme d'un temple porté par quatre platanes. Et quand je suis rentrée, mon cœur battait. Je me disais : mon Dieu, qu'est-ce que ça va être comme désillusion... Mais ils étaient là, ils étaient là, mes platanes. J'avais eu, vers sept, huit ans, un grand « toucher de l'être » dans cette cour. J'avais été mise à la porte parce que je parlais — et cela avait été ma chance. Dans cette cour où nous étions toujours comme dans un poulailler — vous imaginez mille fillettes et jeunes filles piaillantes, cela faisait un bruit fou et là, mise à la porte, je me retrouvais seule ! Je sors. Et dans ce silence porté par ces quatre platanes avec, au loin, le brouhaha de la ville ! Un silence comme avant une noce, vous savez, quand on entre dans l'église et qu'on attend ! Ce silence ! Et moi je racontais tout ça à ces enfants. Je leur parlais aussi de la mariée.

Pendant les deux heures que nous avions à passer dans la cour, nous, les demi-pensionnaires, à l'époque où les platanes perdent leurs feuilles, nous tissions des traînes de mariées. C'était un travail qui demandait beaucoup de précision — il fallait entrelacer les tiges entre les nervures sans déchirer les feuilles — et puis l'élue du jour se plaçait au milieu ! Et, avec des épingles crochues et des barrettes, on fixait la traîne à ses cheveux. Parfois, quand les cousettes avaient été nombreuses, la traîne allait jusqu'au bout de la cour ! Et puis alors la mariée se mettait en marche — lentement — cérémonieusement. C'était grandiose !

Pendant que je racontais, tous les regardaient à la fenêtre et je leur disais : vous la voyez, la mariée ? Ils la voyaient. Oui, ils la voyaient. À la fin de notre rencontre, peut-être certains avaient-ils compris ce qu'est la littérature : une impatience à courir à la rencontre du monde ! Un bon livre n'est pas seulement un livre qui donne envie d'en lire un autre. C'est un livre qui donne envie de courir dans un jardin, de partir à la rencontre de quelqu'un pour nous jeter dans ses bras, d'aller coûte que coûte vers la vie ! Quand les sens se réveillent et nous révèlent la merveille du créé, alors la question du sens de la vie perd son acuité, sa brûlure. Les sens nous restituent le sens.

Si, pour parler des sens, je remonte tout naturellement le courant du fleuve jusqu'à l'enfance, c'est pour réveiller la mémoire. Je ne vous parle pas de moi, ce faisant, mais de vous — car mon enfance et la vôtre habitent le même pays. Mon enfance réveille en écho secret la vôtre.

Une scène.

On m'a opérée de l'appendicite. La porte s'ouvre et mon père entre. Ce qu'il tient à la main n'est ni un jouet ni une gâterie quelconque. Ce qu'il va me tendre pourrait même décevoir la petite enfant que je suis. Jusqu'à aujourd'hui, je n'ai plus rien vu d'aussi beau : c'est une branche d'amandier en fleur. Un vert tendre et un blanc diaphane que je n'ai plus vus à aucun amandier de cette terre. Ou est-ce simplement qu'aucune branche d'amandier ne m'a depuis regardée comme celle-là ?

Mémoire de fragrance. Un autre univers.

La petite échoppe de monsieur Michel, cordonnier à quelques pas de Saint-Victor. Je m'assois dans son échoppe en rentrant du jardin d'enfants. Je ne bouge plus — l'odeur du cuir et les effluves de la mer proche... Les heures passent. Quand maman me découvre là, elle est ravagée d'angoisse et invective monsieur Michel. Dans mon souvenir, il reste placide comme s'il avait su que cinquante ans plus tard, je le ressusciterai en parlant de l'odeur de son échoppe. Il y a eu plus tard aussi, rue de la République, la poissonnerie dont je parle dans *Les Âges de la vie* tenue par deux femmes, mère et fille. Cette électricité crissante des écailles grattées au couteau — inoubliable. *L'odor di femina* ! L'odeur qui attirait les navigateurs celtes jusqu'aux grottes d'Armorique. Les maraîchères marseillaises d'autrefois, ces reines assises sur leurs larges séants comme sur des trônes !

Après la vue, l'odeur, une mémoire du toucher !

Mon père tendrement aimé est mort à quatre-vingt-quinze ans cet été. Peu de temps avant sa mort, il m'a relaté cette petite histoire avec beaucoup d'émotion. Dans cette famille ravagée par l'holocauste, oncle Samy reste une silhouette bien distincte. C'était un homme très élégant, presque dandy dans la Vienne du début du siècle. Lorsqu'il venait en visite, il frappait l'imagination de mon père qui avait alors quatre ou cinq ans. Ses guêtres de ville soigneusement boutonnées de nacre, la canne guillochée d'argent et, ô merveille, le huit-reflets de velours bleu nuit. Posé sur un banc du vestibule, ce haut-de-forme était tout bonnement irrésistible. En se penchant vers l'enfant, l'oncle engageait avec lui un pacte : « Si tu ne le touches pas, Franz, tu auras un ducat. » Un ducat ! Une fortune ! « Si tu ne le touches pas, Franz ! » L'ineffable douceur du huit-reflets ! Impossible d'y résister. Et mon père, ce vieil homme à l'approche de la mort, devant cette remontée de mémoire, leva la main, une main décharnée où les veines saillaient, et, avec une délicatesse qui suspendait le temps et l'espace, se mit à caresser l'espace vide, et comme hanté de velours. « Tu comprends, je n'ai pas pu tenir, bien sûr, je l'ai caressé ! Et un louis d'or perdu ! Tu imagines ! Et un instant, la folle, la déloyale espérance : peut-être n'y verra-t-il que du feu... » Mais le moment du départ arrive. Oncle Samy soulève le huit-reflets à hauteur des yeux, y décèle la trace des doigts : « Ah tu l'as touché ! Tant pis ! Ce sera pour la prochaine fois ! » Et c'est ainsi que dans le geste de ce vieil homme, dans cette caresse du vide, a resurgi la merveille de l'être, la quintessence du vivant recueillie par les sens.

Ce que je tente de faire percevoir dans ces frôlements de mémoire, c'est à quel point ces instants de présence aiguë livrent leur sens, et le détiennent. Dans tous ces instants où je suis « touchée », Dieu est au rendez-vous. Dieu ou comme vous préférez : cette mémoire haute qui m'habite ! L'écho du magnifique logion 77 de saint Thomas : « Je suis partout. Quand tu vas pour couper du bois, je suis dans le bois. Quand tu soulèves la pierre, je suis sous la pierre... » Non pas : je suis le bois, je suis la pierre, mais chaque fois que tu es là, vraiment là, absorbé dans la rencontre du monde créé, alors je suis là ! Là où tu es, dans la présence, tu me rencontres aussi. Qualité de présence ! Le secret. Il n'y a rien d'autre. Il n'y a pas d'autre chemin que de sortir des léthargies nauséabondes, des demi-sommeils, des commentaires sans fin, pour *naître enfin à ce qui est.*

Liste des auteurs

Claude Baumel

Claude Baumel dirige le Centre privé d'étude, recherche, formation en psychologie (CERFPA, Saint-Laurent-du-Var), auquel les droits d'auteurs du présent ouvrage seront intégralement reversés dans le cadre de l'aide apportée chaque hiver aux personnes sans domicile fixe de la ville de Nice. Cette aide est matérialisée sous forme de distribution de repas pendant l'hiver, de sacs de couchage, de vêtements, de billets de transports...

Cheikh Khaled Bentounès

Désigné très tôt comme le responsable de la confrérie soufie Alawiya au décès de son père, le Cheikh Bentounès est actuellement le guide spirituel à travers le monde de plusieurs milliers de personnes qui ont embrassé le soufisme. Il est l'auteur de : *Le Soufisme, cœur de l'islam*, La Table Ronde, 1996, Pocket, 1999 ; *L'Homme intérieur à la lumière du Coran*, Albin Michel, 1998.

Jean-Paul Guetny

Journaliste, Jean-Paul Guetny dirige *Le Monde des religions*, magazine mensuel français spécialisé dans la culture religieuse et la recherche spirituelle. Il a publié chez Albin Michel *Meurtre au presbytère*, un « polar théologique » (1998).

Marie de Hennezel

Précurseur et grande dame des soins palliatifs en France, Marie de Hennezel a publié *La Mort intime* et *L'Art de mourir*, réédités en poche chez Pocket. Dernier livre paru : *Le Souci de l'autre*, Robert Laffont, 2004.

Richard Moss

Américain, Richard Moss a cessé de pratiquer la médecine conventionnelle pour se consacrer à l'enseignement de la transformation. Il guide des groupes dans la relation consciente, à soi, aux autres, à la vie et au divin. Il est l'auteur de *Paroles des deux mondes*, Le Relié, et *Le Papillon noir*, Le Souffle d'Or.

Lama Puntso

Lama Puntso est moine dans la voie du bouddhisme tibétain, disciple de maître Guendune Rinpoché depuis 1981.

Roland Rech

Moine zen, disciple de maître Taisen Deshimaru, Roland Rech est vice-président de l'Association Zen internationale et enseigne *zazen*, la voie du zen, au dojo zen de Nice. Il a publié *Moine zen en Occident*, entretiens avec Romana et Bruno Solt (Albin Michel, 1994) et est l'auteur de *Zen, l'éveil au quotidien*, Actes Sud, 1999.

Stan Rougier

Prêtre catholique, invité dans des écoles pour parler devant des jeunes entre 16 et 18 ans, lycéens pour la plupart, autour des grandes questions du sens de la vie, Stan Rougier a une spiritualité de nomade. Ses nombreux voyages de par le monde l'ont conduit à rencontrer d'autres traditions, d'autres religions, d'autres manières de croire. Il est notamment l'auteur de *Dieu écrit droit avec des lignes courbes*, Presses de la Renaissance, 1999, de *Dieu était là, je ne le savais pas*, Pocket, 2000, et de *Nomade de l'Éternel*, Pocket, 2004.

Swami Devanath Saraswati

Après avoir suivi des études en littérature et philosophie, Swâmi Devanath Saraswati a rencontré en France Swâmi Satyananda, fondateur de la Bihar School of Yoga en Inde. Elle enseigne le yoga depuis 1982 à travers des cours, des stages, des séminaires, des conférences et participe d'une façon très active à la diffusion du yoga et à la connaissance du chemin spirituel.

Christiane Singer

D'origine française, Christiane Singer a été formée à la *Personale Leibtherapie* d'après K. G. Dürckheim. Elle est l'auteur de romans dont *Histoire d'âme*, ou *La Mort viennoise* (Albin Michel) et d'essais, dont *Les Âges de la vie, Éloge du mariage, de l'engagement et autres folies* et *Où cours-tu, ne sais-tu pas que le ciel est en toi?* (Albin Michel).

« *Espaces libres* »
au format de Poche

DERNIERS TITRES PARUS

120. *Religions en dialogue,* de J. MOUTTAPA.
121. *Le Courage de se libérer,* de P. et P. FENNER.
122. *Histoire des Dalaï-Lamas,* de R. BARRAUX.
123. *Du Sahara aux Cévennes,* de P. RABHI.
124. *Aux sources du zen,* d'A. LOW.
125. *Le Curé de Nazareth,* d'H. PROLONGEAU.
126. *L'Évangile d'un libre penseur,* de G. RINGLET.
127. *Le Courage de vivre pour mourir,* de N. MASSON-SÉKINÉ.
128. *Quand la conscience s'éveille,* d'A. de MELLO.
129. *Les Fables d'Ésope,* de J. LACARRIÈRE.
130. *L'Esprit des arts martiaux,* d'A. COGNARD.
131. *Sans les animaux, le monde ne serait pas humain,* de K. L. MATIGNON.
132. *L'Arc et la Flèche,* d'A. de SOUZENELLE.
133. *Adieu, Babylone*, de N. KATTAN. Préface de M. TOURNIER.
134. *Le Gardien du feu*, de P. RABHI.
135. *La Prière parallèle*, de C. PAYSAN.
136. *Dieu a changé d'adresse*, d'O. VALLET.
137. *La Danse de la réalité*, d'A. JODOROWSKY.
138. *Le Courage de changer sa vie,* d'A. DUCROCQ.
139. *Le Maître de nô*, d'A. GODEL.
140. *Les Fleurs de soleil*, de S. WIESENTHAL.
141. *Khalil Gibran*, de J.-P. DAHDAH.
142. *Ces ondes qui tuent, ces ondes qui soignent*, de J.-P. LENTIN.
143. *Les Dix Commandements intérieurs*, d'Y. AMAR.
144. *Guérir l'esprit*, collectif avec J.-Y. LELOUP, F. SKALI, Lama D. TEUNDROUP.
145. *La Quête du sens*, ouvrage collectif.
146. *La Foi ou la nostalgie de l'admirable*, de B. VERGELY.
147. *Traversée en solitaire*, de M.-M. DAVY.
148. *Éloge de la fragilité*, de G. RINGLET.
149. *L'Échelle des anges,* d'A JODOROWSKY.
150. *Petite grammaire de l'érotisme divin*, d'O. VALLET.
151. *La Troisième Voie*, de D. HARDING.

152. *Le Rire du tigre*, de M. de SMEDT.
153. *L'Effort et la Grâce*, de Y. AMAR.
154. *Appel à l'amour*, d'A. de MELLO.
155. *L'Homme intérieur et ses métamorphoses*, de M.-M. DAVY.
156. *Dictionnaire de la symbolique des rêves*, de G. ROMEY.
157. *Le Christianisme en accusation*, de R. RÉMOND ET M. LEBOUCHER.
158. *Entre désir et renoncement*, M. de SOLEMME avec J. KRISREVA, R. MISRAHI, S. GERMAIN et D. RIMPOCHE.
159. *Sadhana, Un chemin vers Dieu*, d'A. de MELLO.
160. *L'amour comme un défi*, de S. ROUGIER.
161. *Du bon usage de la vie*, de B. BESRET.
162. *La Grâce de solitude*, de M. de SOLEMNE avec C. BOBIN, J.-M. BESNIER, J.-Y. LELOUP et Th. MONOD.
163. *Le Meneur de lune*, de J. BOUSQUET.
164. *Vivre l'islam*, du Cheikh K. BENTOUNÈS.
165. *Méditation et psychothérapie,* ouvrage collectif.
166. *Les Échos du silence*, de S. GERMAIN.
167. *Aimer désespérément*, M. DE SOLEMNE avec A. COMTE-SPONVILLE, É. KLEIN, J.-Y. LELOUP.
168. *Entre sagesse et passions,* ouvrage collectif dir. par Alain HOUZIAUX.
169. *Écologie et spiritualité,* ouvrage collectif.
170. *L'Évangile des païens,* une lecture laïque de l'évangile de Luc, d'O. VALLET.
171. *Simone Weil, le grand passage,* sous la dir. de F. L'YVONNET.
172. *Histoires d'humour et de sagesse,* d'A. DE MELLO.
173. *L'Avenir de l'homéopathie,* Ch. BOIRON.
174. *Qu'Allah bénisse la France,* d'ABD AL MALIK.
175. *Soigner son âme, méditation et psychologie*, du DR J. VIGNE.
176. *La Sagesse des contes*, d'A. JODOROWSKY.
177. *Innocence et culpabilité,* de M. DE SOLEMNE, avec P. RICŒUR, S. ROUGIER, PH. NAQUET et J.-Y. LELOUP.
178. *Petite méthode pour interpréter soi-même ses rêves,* d'H. RENARD.
179. *Cheminer, contempler*, de M. JOURDAN et J. VIGNE.
180. *Le Visage du vent d'est*, de K. WHITE.
181. *Petit lexique des mots essentiels*, d'O. VALLET.

182. *Lettres sur la méditation*, de L. FREEMAN.
183. *Dix questions simples sur Dieu et la religion,* d'A. HOUZIAUX.
184. *Dix questions simples sur la vie,* d'A. HOUZIAUX.
185. *Les Nouveaux Penseurs de l'islam*, de R. BENZINE.
186. *Au dernier survivant. Paroles sur la Shoah,* de D. FARHI.

Composition Nord Compo
Impression Bussière, décembre 2007
Editions Albin Michel
22, rue Huyghens, 75014 Paris
www.albin-michel.fr
ISBN 978-2-226-15425-5
ISSN 1147-3762
N° d'édition : 25847. – N° d'impression : 074205/1.
Dépôt légal : juin 2004.
Imprimé en France.